Paul Gerhardt
Geh aus, mein Herz, und suche Freud

Paul Gerhardt

GEH AUS, MEIN HERZ, UND SUCHE FREUD

Geistliche Lieder

Anaconda

Der Text der Lieder folgt der Ausgabe »Sämtliche Lieder«,
Verlag Johannes Herrmann, Zwickau (Sachsen) 1906. Orthografie
und Interpunktion wurden unter Wahrung von Lautstand und
grammatischen Eigenheiten auf neue Rechtschreibung angepasst.

Der Verlag behält sich die Verwertung der urheberrechtlich
geschützten Inhalte dieses Werkes für Zwecke des Text- und
Data-Minings nach § 44 b UrhG ausdrücklich vor.
Jegliche unbefugte Nutzung ist hiermit ausgeschlossen.

Penguin Random House Verlagsgruppe FSC® N001967

Die Deutsche Nationalbibliothek verzeichnet diese Publikation
in der Deutschen Nationalbibliografie; detaillierte bibliografische
Daten sind im Internet unter http://dnb.d-nb.de abrufbar.

© 2024 by Anaconda Verlag, einem Unternehmen der
Penguin Random House Verlagsgruppe GmbH,
Neumarkter Straße 28, 81673 München
Alle Rechte vorbehalten.
Umschlagmotiv: Eugeniusz Wrzeszcz, »Summer Landscape«,
Foto Credit Agra Art, Warsaw, Poland/Bridgeman Images;
Wabenmuster Shutterstock/missis
Umschlaggestaltung: www.katjaholst.de
Satz und Layout: Uhl + Massopust, Aalen
Druck und Bindung: GGP Media GmbH, Pößneck
Printed in Germany
ISBN 978-3-7306-1357-3
www.anacondaverlag.de

INHALT

Festtagslieder 7
   Advent 7
   Weihnachten 14
   Neujahr 28
   Ostern 30
   Pfingsten 56

Katechismuslieder 70
   Gebet 70
   Morgen- und Abendsegen 81

Lob- und Danklieder 92

Kreuz- und Trostlieder 131

Von den letzten Dingen 164

FESTTAGSLIEDER

Advent

Warum willst du draußen stehen?

1 Mos. 24, 31.
Melodie: Werde munter, mein Gemüte

1. Warum willst du draußen stehen,
   Du Gesegneter des Herrn?
   Lass dir bei mir einzugehen
   Wohl gefallen, du mein Stern.
   Du mein Jesu, meine Freud,
   Helfer in der rechten Zeit,
   Hilf, o Heiland, meinem Herzen
   Von den Wunden, die mich schmerzen.

2. Meine Wunden sind der Jammer,
   Welchen oftmals Tag und Nacht
   Des Gesetzes starker Hammer
   Mir mit seinen Schrecken macht.
   O der schweren Donnerstimm,
   Die mir Gottes Zorn und Grimm
   Also tief ins Herze schläget,
   Dass sich all mein Blut beweget.

3. Dazu kommt des Teufels Trügen,
   Der mir alle Gnad absagt,
   Als müsst ich nun ewig liegen
   In der Höllen, die ihn plagt.
   Ja auch, das noch ärger ist,
   So zermartert und zerfrisst
   Mich mein eigenes Gewissen
   Mit vergift'ten Schlangenbissen.

4. Will ich denn mein Elend lindern,
   Und erleichtern meine Not
   Bei der Welt und ihren Kindern,
   Fall ich vollends in den Kot:
   Da ist Trost, der mich betrübt,
   Freude, die mein Unglück liebt,
   Helfer, die mir Herzleid machen,
   Gute Freunde, die mein lachen.

5. In der Welt ist alles nichtig,
   Nichts ist, das nicht kraftlos wär:
   Hab ich Hoheit, die ist flüchtig;
   Hab ich Reichtum, was ist's mehr,
   Als ein Stäublein armer Erd?
   Hab ich Lust, was ist sie wert?
   Was ist's, das mich heut erfreue,
   Das mich morgen nicht gereue?

6. Aller Trost und alle Freude
   Ruht in dir, Herr Jesu Christ;
   Dein Erfreuen ist die Weide,
   Da man sich recht fröhlich isst.
   Leuchte mir, o Freudenlicht,

Ehe mir mein Herze bricht;
   Lass mich, Herr, an dir erquicken,
   Jesu, komm, lass dich erblicken!

7. Freu dich, Herz, du bist erhöret,
   Jetzo kommt und zeucht Er ein;
   Sein Gang ist zu dir gekehret,
   Heiß ihn nur willkommen sein
   Und bereite dich ihm zu,
   Gib dich ganz zu seiner Ruh,
   Öffne dein Gemüt und Seele,
   Klag ihm, was dich drück und quäle.

8. Siehst du, wie sich alles setzet,
   Was dir vor zuwider stund?
   Hörst du, wie Er dich ergötzet
   Mit dem zuckersüßen Mund?
   Ei, wie lässt der große Drach
   All sein Tun und Toben nach.
   Er muss aus dem Vorteil ziehen
   Und in seinen Abgrund fliehen.

9. Nun, du hast ein süßes Leben,
   Alles, was du willst, ist dein;
   Christus, der sich dir ergeben,
   Legt sein' Reichtum bei dir ein.
   Seine Gnad ist deine Kron,
   Und du bist sein Stuhl und Thron,
   Er hat dich in sich geschlossen,
   Nennt dich seinen Hausgenossen.

10. Seines Himmels güldne Decke
　　Spannt er um dich rings herum,
　　Dass dich fort nicht mehr erschrecke
　　Deines Feindes Ungestüm.
　　Seine Engel stellen sich
　　Dir zur Seiten; wenn du dich
　　Hier willst oder dort hinwenden,
　　Tragen sie dich auf den Händen.

11. Was du Böses hast begangen,
　　Das ist alles abgeschafft.
　　Gottes Liebe nimmt gefangen
　　Deiner Sünden Macht und Kraft.
　　Christi Sieg behält das Feld,
　　Und was Böses in der Welt
　　Sich will wider dich erregen,
　　Wird zu lauter Glück und Segen.

12. Alles dient zu deinem Frommen,
　　Was dir bös und schädlich scheint,
　　Weil dich Christus angenommen
　　Und es treulich mit dir meint.
　　Bleibst du Dem nur wieder treu,
　　Ist's gewiss und bleibt dabei,
　　Dass du mit den Engeln droben
　　Ihn dort ewig werdest loben.

Wie soll ich dich empfangen?

Mel.: Valet will ich dir geben. – Ich dank dir, lieber Herre

1. Wie soll ich dich empfangen?
   Und wie begegn' ich dir?
   O aller Welt Verlangen,
   O meiner Seelen Zier!
   O Jesu, Jesu setze
   Mir selbst die Fackel bei,
   Damit, was dich ergötze,
   Mir kund und wissend sei.

2. Dein Zion streut dir Palmen
   Und grüne Zweige hin,
   Und ich will dir in Psalmen
   Ermuntern meinen Sinn.
   Mein Herze soll dir grünen
   In stetem Lob und Preis,
   Und deinem Namen dienen,
   So gut es kann und weiß.

3. Was hast du unterlassen
   Zu meinem Trost und Freud?
   Als Leib und Seele saßen
   In ihrem größten Leid,
   Als mir das Heil genommen,
   Da Fried und Freude lacht,
   Da bist du, mein Heil, kommen
   Und hast mich froh gemacht.

4. Ich lag in schweren Banden,
   Du kommst und machst mich los!
   Ich stund in Spott und Schanden,
   Du kommst und machst mich groß
   Und hebst mich hoch zu Ehren,
   Und schenkst mir großes Gut,
   Das sich nicht lässt verzehren,
   Wie irdisch Reichtum tut.

5. Nichts, nichts hat dich getrieben
   Zu mir vom Himmelszelt,
   Als das geliebte Lieben.
   Damit du alle Welt
   In ihren tausend Plagen
   Und großen Jammerlast,
   Die kein Mund aus kann sagen,
   So fest umfangen hast.

6. Das schreib dir in dein Herze,
   Du herzbetrübtes Heer,
   Bei denen Gram und Schmerze
   Sich häuft je mehr und mehr;
   Seid unverzagt, ihr habet
   Die Hilfe vor der Tür:
   Der eure Herzen labet
   Und tröstet, steht allhier!

7. Ihr dürft euch nicht bemühen
   Noch sorgen Tag und Nacht,
   Wie ihr ihn wollet ziehen
   Mit eures Armes Macht:
   Er kommt, er kommt mit Willen;

Ist voller Lieb und Lust,
All Angst und Not zu stillen,
Die ihm an euch bewusst.

8. Auch dürft ihr nicht erschrecken
Vor eurer Sündenschuld.
Nein! Jesus will sie decken
Mit seiner Lieb und Huld!
Er kommt, er kommt, den Sündern
Zum Trost und wahren Heil,
Schafft, dass bei Gottes Kindern
Verbleib ihr Erb und Teil.

9. Was fragt ihr nach dem Schreien
Der Feind' und ihrer Tück?
Ihr Herr wird sie zerstreuen
In einem Augenblick.
Er kommt, er kommt, ein König,
Dem wahrlich alle Feind'
Auf Erden viel zu wenig
Zum Widerstande seind.

10. Er kommt zum Weltgerichte,
Zum Fluch dem, der ihm flucht.
Mit Gnad und süßem Lichte
Dem, der ihn liebt und sucht.
Ach! komm, ach! komm, o Sonne!
Und hol uns allzumal
Zum ewgen Licht und Wonne
In deinen Freudensaal!

Weihnachten

Fröhlich soll mein Herze springen

Mel.: Warum sollt ich mich denn grämen

1. Fröhlich soll mein Herze springen
   Dieser Zeit,
   Da vor Freud
   Alle Engel singen.
   Hört, hört, wie mit vollen Choren
   Alle Luft
   Laute ruft:
   Christus ist geboren.

2. Heute geht aus seiner Kammer
   Gottes Held,
   Der die Welt
   Reißt aus allem Jammer.
   Gott wird Mensch, dir, Mensch, zugute,
   Gottes Kind,
   Das verbindt
   Sich mit unserm Blute.

3. Sollt uns Gott nun können hassen,
   Der uns gibt,
   Was Er liebt
   Über alle Maßen?
   Gott gibt, unserm Leid zu wehren,
   Seinen Sohn

Aus dem Thron
Seiner Macht und Ehren.

4. Sollte von uns sein gekehret,
   Der sein Reich
   Und zugleich
   Sich uns selbst verehret?
   Sollt uns Gottes Sohn nicht lieben,
   Der jetzt kömmt,
   Von uns nimmt,
   Was uns will betrüben?

5. Hätte vor dem Menschenorden
   Unser Heil
   Einen Greul,
   Wär Er nicht Mensch worden.
   Hätt Er Lust zu unserm Schaden,
   Ei, so würd
   Unsre Bürd
   Er nicht auf sich laden.

6. Er nimmt auf sich, was auf Erden
   Wir getan,
   Gibt sich an,
   Unser Lamm zu werden.
   Unser Lamm, das für uns stirbet,
   Und bei Gott
   Für den Tod
   Heil und Fried erwirbet.

7. Nun, Er liegt in seiner Krippen,
   Ruft zu sich

Mich und dich,
Spricht mit süßen Lippen:
Lasset fahrn, o lieben Brüder,
Was euch quält,
Was euch fehlt,
Ich bring alles wieder.

8. Ei, so kommt und lasst uns laufen,
Stellt euch ein
Groß und klein,
Kommt mit großen Haufen.
Liebt den, der vor Liebe brennet,
Schaut den Stern,
Der uns gern
Licht und Labsal gönnet.

9. Die ihr schwebt in großen Leiden,
Sehet, hier
Ist die Tür
Zu den wahren Freuden.
Fasst ihn wohl, Er wird euch führen
An den Ort,
Da hinfort
Euch kein Kreuz wird rühren.

10. Wer sich findt beschwert im Herzen,
Wer empfindt
Seine Sünd
Und Gewissensschmerzen,
Sei getrost! hier wird gefunden,
Der in Eil

Machet heil
Die vergift'ten Wunden.

11. Die ihr arm seid und elende,
Kommt herbei,
Füllet frei
Eures Glaubens Hände.
Hier sind alle guten Gaben,
Und das Gold,
Da ihr sollt
Euer Herz mit laben.

12. Süßes Heil, lass dich umfangen,
Lass mich dir,
Meine Zier,
Unverrückt anhangen.
Du bist meines Lebens Leben;
Nun kann ich
Mich durch dich
Wohl zufrieden geben.

13. Meine Schuld kann mich nicht drücken,
Denn du hast
Meine Last
All auf deinem Rücken.
Kein Fleck ist an mir zu finden,
Ich bin gar
Rein und klar
Aller meiner Sünden.

14. Ich bin rein um deinetwillen,
Du gibst gnug

Ehr und Schmuck,
Mich drin einzuhüllen.
Ich will dich ins Herze schließen;
O mein Ruhm,
Edle Blum,
Lass dich recht genießen.

15. Ich will dich mit Fleiß bewahren,
Ich will dir
Leben hier,
Dir will ich abfahren.
Mit dir will ich endlich schweben
Voller Freud
Ohne Zeit
Dort im andern Leben.

An der Krippe

Mel.: Nun freut euch, lieben Christen g'mein

1. Ich steh an deiner Krippe hier,
   O Jesulein, mein Leben,
   Ich stehe, bring und schenke dir,
   Was du mir hast gegeben.
   Nimm hin, es ist mein Geist und Sinn,
   Herz, Seel und Mut, nimm alles hin,
   Und lass dir's wohlgefallen.

2. Du hast mit deiner Lieb erfüllt
   Mein' Adern und Geblüte,

Dein schöner Glanz, dein süßes Bild
Liegt mir stets im Gemüte,
Und wie mag es auch anders sein,
Wie könnt ich dich, mein Herzelein,
Aus meinem Herzen lassen?

3. Da ich noch nicht geboren war,
Da bist du mir geboren,
Und hast mich dir zu eigen gar,
Eh ich dich kannt, erkoren.
Eh ich durch deine Hand gemacht,
Da hat dein Herze schon bedacht,
Wie du mein wolltest werden.

4. Ich lag in tiefer Todesnacht.
Du wurdest meine Sonne,
Die Sonne, die mir zugebracht
Licht, Leben, Freud und Wonne.
O Sonne, die das werte Licht,
Des Glaubens in mir zugericht't,
Wie schön sind deine Strahlen.

5. Ich sehe dich mit Freuden an,
Und kann mich nicht satt sehen,
Und weil ich nun nicht weiter kann,
So tu ich, was geschehen.
O dass mein Sinn ein Abgrund wär
Und meine Seel ein weites Meer,
Dass ich dich möchte fassen.

6. Vergönne mir, o Jesulein,
Dass ich dein Mündlein küsse,

Das Mündlein, das den süßten Wein
Auch Milch und Honigflüsse
Weit übertrifft in seiner Kraft,
Es ist voll Labsal, Stärk und Saft,
Der Mark und Bein erquicket.

7. Wenn oft mein Herz im Leibe weint
   Und keinen Trost kann finden,
   Da ruft mir's zu: Ich bin dein Freund,
   Ein Tilger deiner Sünden;
   Was trauerst du, mein Fleisch und Bein?
   Du sollst ja guter Dinge sein,
   Ich zahle deine Schulden.

8. Wer ist der Meister, der allhier
   Nach Würdigkeit ausstreichet
   Die Händlein, so das Kindlein nur
   Anlachende zureichet!
   Der Schnee ist hell, die Milch ist weiß,
   Verlieren doch beid' ihren Preis,
   Wenn diese Händlein blinken.

9. Wo nehm ich Weisheit und Verstand,
   Mit Lobe zu erhöhen
   Die Äuglein, die so unverwandt
   Nach mir gerichtet stehen?
   Der volle Mond ist schön und klar,
   Schön ist der güldnen Sterne Schar,
   Dies' Äuglein sind viel schöner.

10. O dass doch ein so lieber Stern
    Soll in der Krippen liegen!

Für edle Kinder großer Herrn
Gehören güldne Wiegen:
Ach! Heu und Stroh ist viel zu schlecht;
Samt, Seiden, Purpur wären recht,
Dich, Kindlein, drauf zu legen.

11. Nehmt weg das Stroh, nehmt weg das Heu,
Ich will mir Blumen holen,
Dass meines Heilands Lager sei
Aus Rosen und Violen,
Mit Tulpen, Nelken, Rosmarin
Aus frischen Gärten will ich ihn
Von oben her bestreuen.

12. Zur Seiten will ich hier und dar
Viel weiße Lilien stecken,
Die sollen seiner Äuglein Paar
Im Schlafe sanft bedecken.
Doch liebt vielleicht das dürre Gras,
Dir, Kindlein, mehr, als alles das,
Was ich hier nenn und denke.

13. Du fragest nicht nach Lust der Welt,
Noch nach des Lebens Freuden:
Du hast dich bei uns eingestellt,
An unsrer statt zu leiden,
Suchst meiner Seelen Trost und Freud
Durch allerhand Beschwerlichkeit,
Das will ich dir nicht wehren.

14. Eins aber, hoff ich, wirst du mir,
Mein Heiland, nicht versagen,

Dass ich dich möge für und für
In, bei und an mir tragen.
So lass mich doch dein Kripplein sein,
Komm, komm und lege bei mir ein
Dich und all deine Freuden.

15. Zwar sollt ich denken, wie gering
Ich dich bewirten werde:
Du bist der Schöpfer aller Ding,
Ich bin nur Staub und Erde.
Doch bist du ein so lieber Gast,
Dass du noch nie verschmähet hast
Den, der dich gerne siehet.

Weihnachtsgesang

Lük. 2, 15.
Mel.: Den die Hirten lobten sehre

1. Kommt, und lasst uns Christum ehren,
Herz und Sinnen zu ihm kehren,
Singet fröhlich, lasst euch hören,
Wertes Volk der Christenheit.

2. Sünd und Hölle mag sich grämen,
Tod und Teufel mag sich schämen:
Wir, die unser Heil annehmen,
Werfen allen Kummer hin.

3. Sehet, was hat Gott gegeben!
   Seinen Sohn zum ewgen Leben.
   Dieser kann und will uns heben
   Aus dem Leid ins Himmels Freud!

4. Seine Seel ist uns gewogen,
   Lieb und Gunst hat ihn gezogen,
   Uns, die Satanas betrogen,
   Zu besuchen aus der Höh.

5. Jakobs Stern ist aufgegangen,
   Stillt das sehnliche Verlangen,
   Bricht den Kopf der alten Schlangen
   Und zerstört der Höllen Reich.

6. Unser Kerker, da wir saßen
   Und mit Sorgen ohne Maßen
   Uns das Herze selbst abfraßen,
   Ist entzwei und wir sind frei.

7. O du hochgesegn'te Stunde,
   Da wir das von Herzensgrunde
   Glauben, und mit unserm Munde
   Danken dir, o Jesulein.

8. Schönstes Kindlein in dem Stalle,
   Sei uns freundlich, bring uns alle
   Dahin, wo mit süßem Schalle
   Dich der Engel Heer erhöht.

Wir singen dir, Immanuel

Mel.: Erschienen ist der herrlich Tag

1. Wir singen dir, Immanuel,
   Du Lebensfürst und Gnadenquell,
   Du Himmelsblum und Morgenstern,
   Du Jungfrausohn, Herr aller Herrn.
   Halleluja.

2. Wir singen dir mit deinem Heer
   Aus aller Kraft Lob, Preis und Ehr,
   Dass du, o langgewünschter Gast,
   Dich nunmehr eingestellet hast.
   Halleluja.

3. Von Anfang, da die Welt gemacht,
   Hat so manch Herz nach dir gewacht;
   Dich hat gehofft so lange Jahr
   Der Väter und Propheten Schar.
   Halleluja.

4. Vor andern hat dein hochbegehrt
   Der Hirt und König deiner Herd',
   Der Mann, der dir so wohl gefiel,
   Wenn er dir sang auf Saitenspiel:
   Halleluja.

5. Ach! dass der Herr aus Zion käm,
   Und unsre Bande von uns nähm!
   Ach! dass die Hilfe bräch herein,

So würde Jakob fröhlich sein.
   Halleluja.

6. Nun, du bist hier, da liegest du,
   Hältst in dem Kripplein deine Ruh;
   Bist klein und machst doch alles groß,
   Bekleidst die Welt, und kommst doch bloß.
   Halleluja.

7. Du kehrst in fremder Hausung ein,
   Und sind doch alle Himmel dein;
   Trinkst Milch aus einer Menschenbrust,
   Und bist doch aller Engel Lust.
   Halleluja.

8. Du hast dem Meer sein Ziel gesteckt,
   Und wirst mit Windeln zugedeckt;
   Bist Gott, und liegst auf Heu und Stroh;
   Wirst Mensch und bist das A und O.
   Halleluja.

9. Du bist der Ursprung aller Freud,
   Und duldest so viel Herzeleid;
   Bist aller Heiden Trost und Licht,
   Suchst selber Trost und findst ihn nicht.
   Halleluja.

10. Du bist der süßste Menschenfreund,
    Doch sind dir so viel Menschen feind:
    Herodis Herz hält dich für Greul,
    Und bist doch nichts als lauter Heil.
    Halleluja.

11. Ich aber, dein geringster Knecht,
    Ich sag es frei und mein es recht;
    Ich liebe dich, doch nicht so viel,
    Als ich dich gerne lieben will.
    Halleluja.

12. Der Will ist da, die Kraft ist klein;
    Doch wird dir nicht zuwider sein
    Mein armes Herz, und was es kann,
    Wirst du in Gnaden nehmen an.
    Halleluja.

13. Hast du doch selbst dich schwach gemacht,
    Erwähltest, was die Welt veracht't;
    Warst arm und dürftig, nahmst vorlieb
    Da, wo der Mangel dich hintrieb.
    Halleluja.

14. Du schliefst ja auf der Erden Schoß,
    So war dein Kripplein auch nicht groß,
    Der Stall, das Heu, das dich umfing,
    War alles schlecht und sehr gering.
    Halleluja.

15. Darum hab ich so guten Mut,
    Du wirst auch halten mich für gut.
    O Jesulein, dein frommer Sinn
    Macht, dass ich so voll Trostes bin.
    Halleluja.

16. Bin ich gleich Sünd und Laster voll,
    Hab ich gelebt nicht wie ich soll,

Ei, kommst du doch deswegen her,
Dass sich der Sünder zu dir kehr.
Halleluja.

17. Hätt ich nicht auf mir Sündenschuld,
Hätt ich kein Teil an deiner Huld;
Vergeblich wärst du mir geboren,
Wann ich nicht wär in Gottes Zorn.
Halleluja.

18. So sah ich dich nun ohne Scheu,
Du machst mich alles Jammers frei,
Du trägst den Zorn, du würgst den Tod,
Verkehrst in Freud all Angst und Not.
Halleluja.

19. Du bist mein Haupt, hinwiederum
Bin ich dein Glied und Eigentum,
Und will, so viel dein Geist mir gibt,
Stets dienen dir, wie dir's beliebt.
Halleluja.

20. Ich will dein Halleluja hier
Mit Freuden singen für und für,
Und dort in deinem Ehrensaal
Soll's schallen ohne Zeit und Zahl:
Halleluja.

Neujahr

Neujahrs-Gesang

Mel.: Nun lasst uns Gott dem Herren. –
Wach auf, mein Herz, und singe

1. Nun lasst uns gehn und treten
   Mit Singen und mit Beten
   Zum Herrn, der unserm Leben
   Bis hieher Kraft gegeben.

2. Wir gehn dahin und wandern
   Von einem Jahr zum andern,
   Wir leben und gedeihen
   Vom alten zu dem neuen.

3. Durch so viel Angst und Plagen,
   Durch Zittern und durch Zagen,
   Durch Krieg und große Schrecken,
   Die alle Welt bedecken.

4. Denn wie von treuen Müttern
   In schweren Ungewittern
   Die Kindlein hier auf Erden
   Mit Fleiß bewahret werden;

5. Also auch und nicht minder,
   Lässt Gott uns, seine Kinder,
   Wenn Not und Trübsal blitzen,
   In seinem Schoße sitzen.

6. Ach, Hüter unsers Lebens,
   Fürwahr! es ist vergebens
   Mit unserm Tun und Machen,
   Wo nicht dein' Augen wachen.

7. Gelobt sei deine Treue,
   Die alle Morgen neue!
   Lob sei den starken Händen,
   Die alles Herzleid wenden!

8. Lass ferner dich erbitten,
   O Vater, und bleib mitten
   In unserm Kreuz und Leiden
   Ein Brunnen unsrer Freuden.

9. Gib mir und allen denen,
   Die sich von Herzen sehnen
   Nach dir und deiner Hulde,
   Ein Herz, das sich gedulde.

10. Schleuß zu die Jammerpforten,
    Und lass an allen Orten
    Auf so viel Blutvergießen
    Die Friedensströme fließen.

11. Sprich deinen milden Segen
    Zu allen unsern Wegen,
    Lass Großen und auch Kleinen
    Die Gnadensonne scheinen.

12. Sei der Verlassnen Vater,
    Der Irrenden Berater,

Der Unversorgten Gabe,
Der Armen Gut und Habe.

13. Hilf gnädig allen Kranken,
    Gib fröhliche Gedanken
    Den hochbetrübten Seelen,
    Die sich mit Schwermut quälen.

14. Und endlich, was das meiste,
    Füll uns mit deinem Geiste,
    Der uns hier herrlich ziere
    Und dort zum Himmel führe.

15. Das alles wollst du geben,
    O meines Lebens Leben,
    Mir und der Christenschare
    Zum selgen neuen Jahre.

Ostern

Ein Lämmlein geht und trägt die Schuld

Joh. 1, 29. Jes. 53, 4–7.
Mel.: An Wasserflüssen Babylon

1. Ein Lämmlein geht und trägt die Schuld
   Der Welt und ihrer Kinder,
   Es geht und traget in Geduld
   Die Sünden aller Sünder,
   Es geht dahin, wird matt und krank,
   Ergibt sich auf die Würgebank,

Verzeiht sich aller Freuden,
Es nimmet an Schmach, Hohn und Spott,
Angst, Wunden, Striemen, Kreuz und Tod,
Und spricht: Ich will's gern leiden.

2. Das Lämmlein ist der große Freund
Und Heiland meiner Seelen,
Den, den hat Gott zum Sündenfeind
Und Sühner wollen wählen.
Geh hin, mein Kind, und nimm dich an
Der Kinder, die ich ausgetan
Zur Straf und Zornes Ruten:
Die Straf ist schwer, der Zorn ist groß;
Du kannst und sollst sie machen los
Durch Sterben und durch Bluten.

3. Ja, Vater, ja, von Herzensgrund,
Leg auf, ich will dir's tragen.
Mein Wollen hängt an deinem Mund,
Mein Wirken ist dein Sagen.
O Wunderlieb! O Liebesmacht!
Du kannst, was nie kein Mensch gedacht,
Gott seinen Sohn abzwingen.
O Liebe! Liebe! du bist stark,
Du streckest den ins Grab und Sarg,
Vor dem die Felsen springen.

4. Du marterst ihn am Kreuzesstamm
Mit Nägeln und mit Spießen,
Du schlachtest ihn als wie ein Lamm,
Machst Herz und Adern fließen,
Das Herze mit der Seufzer Kraft,

Die Adern mit dem edlen Saft
Des purpurroten Blutes.
O süßes Lamm! was soll ich dir
Erweisen dafür, dass du mir
Erzeigest so viel Gutes!

5. Mein Lebetage will ich dich
Aus meinem Sinn nicht lassen,
Dich will ich stets, gleichwie du mich,
Mit Liebesarmen fassen.
Du sollst sein meines Herzens Licht,
Und wann mein Herz in Stücke bricht,
Sollst du mein Herze bleiben.
Ich will mich dir, mein höchster Ruhm,
Hiermit zu deinem Eigentum
Beständiglich verschreiben.

6. Ich will von deiner Lieblichkeit
Bei Nacht und Tage singen,
Mich selbst auch dir zu aller Zeit
Zum Freudenopfer bringen.
Mein Bach des Lebens soll sich dir
Und deinem Namen für und für
In Dankbarkeit ergießen;
Und was du mir zugut getan,
Das will ich stets, so tief ich kann,
In mein Gedächtnis schließen.

7. Erweitre dich, mein Herzensschrein,
Du sollst ein Schatzhaus werden
Der Schätze, die viel größer sein
Als Himmel, Meer und Erden.

Weg mit dem Gold Arabia,
Weg Kalmus, Myrrhen, Kassia,
Ich hab ein Bessers funden:
Mein großer Schatz, Herr Jesu Christ,
Ist dieses, was geflossen ist
Aus deines Leibes Wunden.

8. Das soll und will ich mir zu nutz
Zu allen Zeiten machen,
Im Streite soll es sein mein Schutz,
In Traurigkeit mein Lachen,
In Fröhlichkeit mein Saitenspiel,
Und wann mir nichts mehr schmecken will,
Soll mich dies Manna speisen;
Im Durst soll's sein mein Wasserquell,
In Einsamkeit mein Sprachgesell
Zu Haus und auch auf Reisen.

9. Was schadet nur des Todes Gift?
Dein Blut, das ist mein Leben;
Wann mich der Sonnen Hitze trifft,
So kann mir's Schatten geben.
Setzt mir des Wehmuts Schmerzen zu,
So find ich bei dir meine Ruh,
Als auf dem Bett ein Kranker.
Und wann des Kreuzes Ungestüm
Mein Schifflein treibet um und um,
So bist du dann mein Anker.

10. Wann endlich ich soll treten ein
In deines Reiches Freuden,
So soll dies Blut mein Purpur sein,

Ich will mich darein kleiden;
Es soll sein meines Hauptes Kron,
In welcher ich will vor den Thron
Des höchsten Vaters gehen,
Und dir, dem Er mich anvertraut,
Als eine wohlgeschmückte Braut
An deiner Seite stehen.

O Welt, sieh hier dein Leben

Mel.: O Welt, ich muss dich lassen. –
Nun ruhen alle Wälder

1. O Welt, sieh hier dein Leben
   Am Stamm des Kreuzes schweben,
   Dein Heil sinkt in den Tod!
   Der große Fürst der Ehren
   Lässt willig sich beschweren
   Mit Schlägen, Hohn und großem Spott.

2. Tritt her und schau mit Fleiße,
   Sein Leib ist ganz mit Schweiße
   Des Blutes überfüllt.
   Aus seinem edlen Herzen
   Vor unerhörten Schmerzen
   Ein Seufzer nach dem andern quillt.

3. Wer hat dich so geschlagen,
   Mein Heil, und dich mit Plagen
   So übel zugericht't?

Du bist ja nicht ein Sünder,
Wie wir und unsre Kinder,
Von Übeltaten weißt du nicht.

4. Ich, ich und meine Sünden,
Die sich wie Körnlein finden
Des Sandes an dem Meer,
Die haben dir erreget
Das Elend, das dich schläget,
Und das betrübte Marterheer.

5. Ich bin's, ich sollte büßen
An Händen und an Füßen
Gebunden in der Höll.
Die Geißeln und die Banden,
Und was du ausgestanden,
Das hat verdienet meine Seel.

6. Du nimmst auf deinen Rücken
Die Lasten, die mich drücken
Viel schwerer als ein Stein.
Du wirst ein Fluch, dagegen
Verehrst du mir den Segen,
Dein Schmerzen muss mein Labsal sein.

7. Du setzest dich zum Bürgen,
Ja, lässest dich gar würgen
Für mich und meine Schuld.
Mir lassest du dich krönen
Mit Dornen, die dich höhnen,
Und leidest alles mit Geduld.

8. Du springst ins Todes Rachen,
   Mich frei und los zu machen
   Von solchem Ungeheur.
   Mein Sterben nimmst du abe,
   Vergräbst es in dem Grabe:
   O unerhörtes Liebesfeu'r!

9. Ich bin, mein Heil, verbunden
   All Augenblick und Stunden
   Dir überhoch und sehr.
   Was Leib und Seel vermögen
   Das soll ich billig legen
   Allzeit an deinen Dienst und Ehr.

10. Nun, ich kann nicht viel geben
    In diesem armen Leben,
    Eins aber will ich tun:
    Es soll dein Tod und Leiden,
    Bis Leib und Seele scheiden,
    Mir stets in meinem Herzen ruhn.

11. Ich will's vor Augen setzen,
    Mich stets daran ergötzen,
    Ich sei auch, wo ich sei.
    Es soll mir sein ein Spiegel
    Der Unschuld und ein Siegel
    Der Lieb und unverfälschten Treu.

12. Wie heftig unsre Sünden
    Den frommen Gott entzünden,
    Wie Rach und Eifer gehn,
    Wie grausam seine Ruten,

  Wie zornig seine Fluten,
  Will ich aus deinem Leiden sehn.

13. Ich will daraus studieren,
  Wie ich mein Herz soll zieren
  Mit stillem, sanftem Mut,
  Und wie ich die soll lieben,
  Die mich doch sehr betrüben
  Mit Werken, so die Bosheit tut.

14. Wenn böse Zungen stechen,
  Mir Glimpf und Namen brechen,
  So will ich zähmen mich;
  Das Unrecht will ich dulden,
  Dem Nächsten seine Schulden
  Verzeihen gern und williglich.

15. Ich will mich mit dir schlagen
  Ans Kreuz und dem absagen,
  Was meinem Fleisch gelüst't.
  Was deine Augen hassen,
  Das will ich fliehn und lassen,
  Soviel mir immer möglich ist.

16. Dein Seufzen und dein Stöhnen,
  Und die viel tausend Tränen,
  Die dir geflossen zu,
  Die sollen mich am Ende
  In deinen Schoß und Hände
  Begleiten zu der ewgen Ruh.

An das Angesicht des Herrn Jesu

Mel.: Herzlich tut mich verlangen

1. O Haupt voll Blut und Wunden,
   Voll Schmerz und voller Hohn!
   O Haupt, zum Spott gebunden
   Mit einer Dornenkron!
   O Haupt, sonst schön gezieret,
   Mit höchster Ehr und Zier,
   Jetzt aber höchst schimpfieret,
   Gegrüßet seist du mir!

2. Du edles Angesichte,
   Davor sonst schrickt und scheut
   Das große Weltgewichte,
   Wie bist du so bespeit,
   Wie bist du so erbleichet,
   Wer hat dein Augenlicht,
   Dem sonst kein Licht nicht gleichet,
   So schändlich zugericht't?

3. Die Farbe deiner Wangen,
   Der roten Lippen Pracht
   Ist hin und ganz vergangen;
   Des blassen Todes Macht
   Hat alles hingenommen,
   Hat alles hingerafft,
   Und daher bist du kommen
   Von deines Leibes Kraft.

4. Nun, was du, Herr, erduldet,
   Ist alles meine Last,
   Ich hab es selbst verschuldet,
   Was du getragen hast.
   Schau her, hier steh ich Armer,
   Der Zorn verdienet hat:
   Gib mir, o mein Erbarmer,
   Den Anblick deiner Gnad!

5. Erkenne mich, mein Hüter,
   Mein Hirte, nimm mich an!
   Von dir, Quell aller Güter,
   Ist mir viel Guts getan,
   Dein Mund hat mich gelabet
   Mit Milch und süßer Kost,
   Dein Geist hat mich begabet
   Mit mancher Himmelslust.

6. Ich will hier bei dir stehen,
   Verachte mich doch nicht!
   Von dir will ich nicht gehen,
   Wann dir dein Herze bricht;
   Wann dein Haupt wird erblassen,
   Im letzten Todesstoß,
   Alsdann will ich dich fassen
   In meinen Arm und Schoß.

7. Es dient zu meinen Freuden
   Und kommt mir herzlich wohl,
   Wenn ich in deinem Leiden,
   Mein Heil, mich finden soll.
   Ach! möcht ich, o mein Leben,

An deinem Kreuze hier
Mein Leben von mir geben,
Wie wohl geschähe mir!

8. Ich danke dir von Herzen,
O Jesu, liebster Freund,
Für deines Todes Schmerzen,
Da du's so gut gemeint.
Ach! gib, dass ich mich halte
Zu dir und deiner Treu,
Und wann ich nun erkalte,
In dir mein Ende sei.

9. Wann ich einmal soll scheiden,
So scheide nicht von mir;
Wann ich den Tod soll leiden,
So tritt du dann herfür.
Wann mir am allerbängsten
Wird um das Herze sein,
So reiß mich aus den Ängsten
Kraft deiner Angst und Pein.

10. Erscheine nur zum Schilde,
Zum Trost in meinem Tod,
Und lass mich sehn dein Bilde
In deiner Kreuzesnot.
Da will ich nach dir blicken,
Da will ich glaubensvoll
Dich fest an mein Herz drücken.
Wer so stirbt, der stirbt wohl.

Vom heiligen Abendmahl

Mel.: Nun lob, mein Seel, den Herren

1. Herr Jesu, meine Liebe,
   Ich hätte nimmer Ruh und Rast,
   Wo nicht fest in mir bliebe,
   Was du für mich geleistet hast;
   Es müht in meinen Sünden,
   Die sich sehr hoch erhöhn,
   All meine Kraft verschwinden,
   Und wie ein Rauch vergehn,
   Wenn sich mein Herz nicht hielte
   Zu dir und deinem Tod,
   Und ich nicht stets mich kühlte
   An deines Leidens Not.

2. Nun weißt du meine Plagen
   Und Satans, meines Feindes, List:
   Wenn meinen Geist zu nagen
   Er emsig und bemühet ist,
   Da hat er tausend Künste,
   Von dir mich abzuziehn;
   Bald treibt er mir die Dünste
   Des Zweifels in den Sinn,
   Bald nimmt er mir dein Meinen
   Und Wollen aus der Acht,
   Und lehrt mich ganz verneinen,
   Was du doch fest gemacht.

3. Solch Unheil abzuweisen,
   Hast du, Herr, deinen Tisch gesetzt,
   Da lässest du mich speisen,
   So dass sich Mark und Bein ergötzt.
   Du reichst mir zu genießen
   Dein teures Fleisch und Blut,
   Und lässest Worte fließen,
   Da all mein Herz auf ruht:
   Komm, sprichst du, komm und nahe
   Dich ungescheut zu mir,
   Was ich dir geb, empfahe,
   Und nimm's getrost zu dir.

4. Hier ist beim Brot vorhanden
   Mein Leib, der dargegeben wird
   Zum Tod und Kreuzesbanden
   Für dich, der sich von mir verirrt.
   Beim Wein ist, was geflossen
   Zur Tilgung deiner Schuld,
   Mein Blut, das ich vergossen
   In Sanftmut und Geduld.
   Nimm's beides mit dem Munde,
   Und denk auch mit dabei,
   Wie fromm im Herzensgrunde
   Ich, dein Erlöser, sei.

5. Herr! ich will dein gedenken,
   Solang ich Luft und Leben hab,
   Und bis man mich wird senken
   An meinem End ins finstre Grab.
   Ich sehe dein Verlangen
   Nach meinem ewgen Heil:

Am Holz bist du gehangen,
Und hast so manchen Pfeil
Des Trübsals lassen dringen
In dein unschuldigs Herz,
Auf dass ich möcht entspringen
Des Todes Pein und Schmerz.

6. So hast du auch befohlen,
Dass, was den Glauben stärken kann,
Ich bei dir solle holen,
Und soll doch ja nicht zweifeln dran,
Du habst für alle Sünden,
Die in der ganzen Welt
Bei Menschen je zu finden,
Ein völligs Lösegeld
Und Opfer, das bestehet
Vor dem, der alles trägt,
In dem auch alles gehet,
Bezahlet und erlegt.

7. Und dass ja mein Gedanke,
Der voller Falschheit und Betrug,
Nicht im Geringsten wanke,
Als war es dir nicht Ernst genug,
So neigst du dein Gemüte
Zusamt der rechten Hand,
Und gibst mit großer Güte
Mir das hochwerte Pfand
Zu essen und zu trinken:
Ist das nicht Trost und Licht
Dem, der sich lässt bedünken,
Du wollest seiner nicht?

8. Ach, Herr! du willst uns alle,
Das sagt uns unser Herze zu.
Die, so der Feind zu Falle
Gebracht, rufst du zu deiner Ruh.
Ach hilf, Herr! hilf uns eilen
Zu dir, der jederzeit
Uns allesamt zu heilen
Geneigt ist und bereit.
Gib Lust und heilges Dürsten
Nach deinem Abendmahl,
Und dort mach uns zu Fürsten
Im güldnen Himmelssaal!

Auf, auf, mein Herz, mit Freuden

In eigener Melodie

1. Auf, auf, mein Herz, mit Freuden,
Nimm wahr, was heut geschicht!
Wie kommt nach großen Leiden
Nun ein so großes Licht?
Mein Heiland war gelegt
Da, wo man uns hinträgt,
Wenn von uns unser Geist
Gen Himmel ist gereist.

2. Er war ins Grab gesenket,
Der Feind trieb groß Geschrei.
Eh er's vermeint und denket,
Ist Christus wieder frei,

Und ruft Viktoria!
Schwingt fröhlich hier und da
Sein Fähnlein, als ein Held,
Der Feld und Mut behält.

3. Der Held steht auf dem Grabe,
Und sieht sich munter um,
Der Feind liegt, und legt abe
Gift, Gall und Ungestüm;
Er wirft zu Christi Fuß
Sein Höllenreich und muss
Selbst in des Siegers Land
Ergeben Fuß und Hand.

4. Das ist mir anzuschauen
Ein rechtes Freudenspiel,
Nun soll mir nicht mehr grauen
Vor allem, was mir will
Entnehmen meinen Mut,
Zusamt dem edlen Gut,
So mir durch Jesum Christ
Aus Lieb erworben ist.

5. Die Höll und ihre Rotten,
Die krümmen mir kein Haar,
Der Sünden kann ich spotten,
Bleib allzeit ohn Gefahr;
Der Tod mit seiner Macht
Wird schlecht bei mir geacht't,
Er bleibt ein totes Bild,
Und wär er noch so wild.

6. Die Welt ist mir ein Lachen
   Mit ihrem großen Zorn;
   Sie zürnt, und kann nichts machen,
   All Arbeit ist verlorn.
   Die Trübsal trübt mir nicht
   Mein Herz und Angesicht;
   Das Unglück ist mein Glück,
   Die Nacht mein Sonnenblick.

7. Ich hang und bleib auch hangen
   An Christo als ein Glied:
   Wo mein Haupt durch ist gangen,
   Da nimmt Er mich auch mit;
   Er reißet durch den Tod,
   Durch Welt, durch Sünd und Not,
   Er reißet durch die Höll,
   Ich bin stets sein Gesell.

8. Er dringt zum Saal der Ehren,
   Ich folg ihm immer nach,
   Und darf mich gar nicht kehren
   An einzig Ungemach:
   Es tobe, was da kann,
   Mein Haupt nimmt sich mein an,
   Mein Heiland ist mein Schild,
   Der alles Toben stillt.

9. Er bringt mich an die Pforten,
   Die in den Himmel führt,
   Daran mit güldnen Worten
   Der Reim gelesen wird:

Wer dort mit wird verhöhnt,
Wird hier auch mit gekrönt,
Wer dort mit sterben geht,
Wird hier auch mit erhöht.

Die Auferstehung unseres Herrn Jesu

Mel.: Nun freut euch, lieben Christen g'mein

1. Nun freut euch hier und überall,
   Ihr Christen, liebe Brüder!
   Das Heil, das durch den Todesfall
   Gesunken, stehet wieder.
   Des Lebens Leben lebet noch,
   Sein Arm hat aller Feinde Joch
   Mit aller Macht zerbrochen.

2. Der Held, der alles hält, er lag
   Im Grab als überwunden,
   Er lag, bis dass der dritte Tag
   Sich in die Welt gefunden.
   Da dieser kam, kam auch die Zeit,
   Da, der uns in dem Tod erfreut,
   Sich aus dem Tod erhube.

3. Die Morgenröte war noch nicht
   Mit ihrem Licht vorhanden,
   Und siehe, da war schon das Licht,
   Das ewig leucht't, erstanden.

Die Sonne war noch nicht erwacht,
Da wacht und ging in voller Macht
Die unerschaffne Sonne.

4. Das wusste nicht die fromme Schar,
Die Christo angehangen;
Drum, als nunmehr der Sabbat war
Zu End hinabgegangen,
Begann Maria Magdalen
Und andre mit ihr auszugehn
Und Spezerei zu kaufen.

5. Ihr Herz und Hand ist hoch bemüht,
Ein Salböl darzugeben
Für Jesu, dessen treue Güt
Uns salbt zum ewgen Leben.
Ach, liebes Herz! der seinen Geist
Vom Himmel in die Herzen geußt,
Darf keines Öls noch Salben.

6. Der hochgelobte Jungfraunsohn
Ist schon gnug balsamieret,
Als König, der im Himmelsthron
Und überall regieret;
Sein Balsam ist die ewge Kraft,
Dadurch Gott Erd und Himmel schafft,
Die lässt ihn nicht verwesen.

7. Doch geht die fromme Einfalt hin
Bald an dem frühsten Morgen;
Sie gehn, und plötzlich wird ihr Sinn
Voll großer, schwerer Sorgen:

Ei! sprechen sie, wer wälzt den Stein
Vons Grabes Tür und lässt uns ein
Zum Leichnam unsers Herren?

8. So sorgen sie zur selben Zeit
Für das, was schon bestellet:
Es war der Stein ja allbereit
Erhoben und gefället
Durch einen, der des Erdreichs Wucht
Erbeben macht, und in die Flucht
Des Grabes Hüter jagte.

9. Das war ein Diener aus der Höh,
Von denen, die uns schützen;
Sein Kleid war weißer als der Schnee,
Sein Ansehn gleich den Blitzen;
Der hat das fest verschlossne Grab
Eröffnet und den Stein herab
Von dessen Tür gewälzet.

10. Das Weiberhäuflein kam und ging
Hinein ohn alle Mühe;
Hör aber, was für Wunderding
Sich da begab: denn siehe,
Das, was sie suchten, findt sich nicht,
Und wo ihr Herz nicht hingericht't,
Das ist allda zur Stelle.

11. Sie suchten ihres Herzens Hort,
Und finden sein Gesinde;
Sie hören aus der Engel Wort,
Wie's gar viel anders stünde,

Als ihr betrübtes Herz gemeint,
Dass billig, wer bisher geweint,
Nun jauchzen soll und lachen.

12. Sie sehn das Grab entledigt stehn,
Und als sie das gesehen,
Da läuft Marie Magdalen,
Zu sagen, was geschehen.
Die andre Schar ist Kummers voll,
Und weiß nicht, was sie machen soll,
Verharret bei dem Grabe.

13. Da stellen sich in heller Zier
Zween edle Himmelsboten,
Die sprechen: Ei! was suchet ihr
Das Leben bei den Toten?
Der Heiland lebt! Er ist nicht hie,
Heut ist Er, glaubt uns, heute früh
Ist Er vom Tod erstanden.

14. Gedenkt und sinnt ein wenig nach
Den Reden, die Er triebe,
Da Er so klar und deutlich sprach,
Wie Er zwar würd aus Liebe
Den Tod ausstehn und große Plag,
Jedennoch würd am dritten Tag
Er herrlich triumphieren.

15. Da dachten sie an Christi Wort,
Und gingen von dem Grabe
Hin zu der elf Apostel Ort,
Und sagten, was sich habe

Erzeigt in ihrem Angesicht:
Man hielt es aber anders nicht,
Als ob es Märlein wären.

16. Maria, die betrübt sich gibt
In schnelles Abescheiden,
Findt Petrum und den Jesus liebt,
Erzählet allen beiden:
Ach! spricht sie, unser Herr ist hin,
Und niemand ist, der, wo man ihn
Hab hingelegt, will wissen.

17. Der Hochgeliebte läuft geschwind,
Und kommt zuerst zum Grabe;
Er guckt, und da er nichts mehr findt
Als Leinen, weicht er abe.
Da aber Simon Petrus kömmt,
Geht er ins Grab hinein und nimmt
Das Werk recht in die Augen.

18. Er sieht die Leinen vor sich dar,
Zuvoraus, wie mit Fleiße
Gelegt und eingewickelt war
Das Haupttuch zu dem Schweiße.
Da ging auch, der am ersten kam
Hinein, wie Petrus tat, und nahm,
Was er da sah, ins Herze.

19. Da glauben sie nun dem Bericht,
Weil sie mit Augen schauen,
Was sie zuvor, als ein Gedicht,
Gehöret von den Frauen;

Doch werden sie Verwunderns voll,
Denn keiner weiß, dass Christus soll
Von Toten auferwachen.

20. Maria steht vorm Grab und weint,
Und plötzlich wird sie innen,
Dass zween in weißen Kleidern seind
Vor ihr im Grabe drinnen,
Die sprechen: Weib, was weinest du?
Sie haben meines Herzens Ruh,
Sprach sie, hinweggenommen.

21. Mein Herr ist weg, und ich weiß nicht,
Wo ich soll suchen gehen.
Indessen wendt sie ihr Gesicht,
Und siehet Jesum stehen;
Der spricht: O Weib, was fehlet dir?
Was weinest du, was suchst du hier?
Sie meint, der Gärtner redte.

22. Ach! spricht sie, Herr, hast du's getan,
So sag es unverhohlen,
Wo liegt mein Herr, wo komm ich an,
So will ich mir ihn holen?
Der Herr spricht mit gewohnter Stimm:
Maria! Da wendt sie sich um,
Und spricht: Sieh da, Rabbuni!

23. Rühr mich nicht an, ich bin noch nicht
Zum Vater aufgefahren!
Geh aber hin, sprach unser Licht,
Sag's meiner Brüder Scharen:

Ich fahr, als eures Todes Tod,
Zu meinem und zu eurem Gott
Und unser aller Vater.

24. Maria ist das arme Weib,
Von welcher unser Meister,
Der starke Helfer, vormals treib
Auf einmal sieben Geister;
Die, die ist's, welcher Jesus Christ
Zu allererst erschienen ist
Am heilgen Ostertage.

25. Nun, sie ging hin, tat's denen kund,
Die mit ihr Jesum liebten,
Und über ihn von Herzensgrund
Sich grämten und betrübten.
Kein einziger fiel ihr aber bei,
Ein jeder hielt's für Phantasei,
Und wollt es niemand glauben.

26. Es gingen auch ins Grab hinein
Die andre Schar der Frauen;
Da gab sich ihrem Augenschein
Ein Jüngling anzuschauen,
In einem langen, weißen Kleid,
Der sprach: Habt Freud und Trost, und seid
Ohn alle Furcht und Schrecken.

27. Ihr sucht den Held von Nazareth,
Der doch hier nicht vorhanden:
Seht, das ist seines Lagers Stätt,
Von der Er auferstanden.

  Geht schnell, sagt's Petro und der Zahl
  Der andern Jünger allzumal:
  Ihr Herr und Meister lebet.

28. Die Weiber eilen schnell davon,
  Den Jüngern Post zu bringen.
  Und siehe da, die Freudensonn,
  Nach der sie alle gingen,
  Die geht daher und sehen sie
  Im Leben, den sie also früh
  Als einen Toten suchten.

29. Sein süßer Mund macht all ihr Leid
  Mit seinem Grüßen süße;
  Sie treten zu mit großer Freud,
  Und greifen seine Füße.
  Er aber spricht: Seid gutes Muts!
  Geht hin, sagt meinen Jüngern Guts,
  Berichtet, was ihr sehet.

30. Sprecht, dass sie nunmehr alsofort
  In Galiläa gehen,
  Allda will ich, kraft meiner Wort',
  Vor ihren Augen stehen.
  Und hiemit schloss Er sein Gebot;
  Die Weiber gehn und loben Gott,
  Verrichten, was befohlen.

31. O Lebensfürst, o starker Leu,
  Aus Juda Stamm erstanden,
  So bist du nun wahrhaftig frei
  Vons Todes Strick und Banden!

Du hast gesiegt, und trägst zum Lohn
Ein' allzeit unverwelkte Kron,
Als Herr all deiner Feinde.

32. Was fragst du nach des Teufels Spott
    Und ungereimten Klagen?
    Man hat, spricht er und seine Rott,
    Ihn heimlich weggetragen:
    Die Jünger haben ihn bei Nacht
    Gestohlen und beiseit gebracht,
    Indem wir feste schliefen.

33. O Bosheit! war dein Schlaf so fest,
    Wie hast du können sehen?
    Ist denn dein Auge wach gewest,
    Wie lässt du's so geschehen,
    Dass durch der Jünger schwache Hand
    Der Stein und seines Siegels Band
    Werd auf- und abgelöset?

34. Es ist dein hart verstockter Sinn,
    Der dich zum Lügen leitet.
    So fahr auch nun zum Abgrund hin,
    Da dir dein Lohn bereitet!
    Ich aber will, Herr Jesu Christ,
    Solang ein Leben in mir ist,
    Bekennen, dass du lebest.

35. Ich will dich rühmen, wie du seist
    Die Pest und Gift der Höllen.
    Ja, Herr, ich will durch deinen Geist
    Mich dir zur Seite stellen,

Und mit dir sterben, wie du stirbst,
Und was du in dem Sieg erwirbst,
Soll meine Beute bleiben.

36. Ich will von Sünden auferstehn,
Wie du vom Grab aufstehest.
Ich will zum andern Leben gehn,
Wie du zum Himmel gehest;
Dies Leben ist doch lauter Tod,
Drum komm und reiß aus aller Not
Uns in das rechte Leben!

Pfingsten

Also hat Gott die Welt geliebt

Joh. 3, 16.
Mel.: Ermuntre dich, mein schwacher Geist

1. Also hat Gott die Welt geliebt,
Das merke, wer es höret!
Die Welt, die Gott so hoch betrübt,
Hat Gott so hoch geehret,
Dass Er den eingebornen Sohn,
Den eingen Schatz, die einge Kron,
Das einge Herz und Leben
Mit Willen hingegeben.

2. Ach, wie muss doch ein einges Kind
Bei uns hier auf der Erden,
Da man doch nichts als Bosheit findt,

So hoch geschonet werden;
Wie hitzt, wie brennt der Vatersinn,
Wie gibt und schenkt er alles hin,
Eh als er an das Schenken
Des eingen nur will denken!

3. Gott aber schenkt aus freiem Mut
Und mildem treuem Herzen
Sein einges Kind, sein schönstes Gut
In mehr als tausend Schmerzen.
Er gibt ihn in den Tod hinein,
Ja in die Höll und deren Pein;
Zu unerhörtem Leide
Stößt Gott sein' einge Freude.

4. Warum doch das? Dass du, o Welt,
Frei wieder möchtest stehen,
Und durch ein teures Lösegeld
Aus deinem Kerker gehen.
Denn du weißt wohl, du schnöde Braut,
Wie, da dich Gott ihm anvertraut,
Du wider deinen Orden
Ihm allzu untreu worden.

5. Darüber hat dich Sünd und Tod
Und Satanas Gesellen
Zu bittrer Angst und harter Not
Beschlossen in der Höllen.
Und hier ist gar kein andrer Rat,
Als der, den Gott gegeben hat;
Wer den hat, wird dem Haufen
Der höll'schen Feind entlaufen.

6. Gott hat uns seinen Sohn verehrt,
Dass aller Menschen Wesen,
So mit dem ewgen Fluch beschwert,
Durch diesen soll genesen.
Wen die Verdammnis hat umschränkt,
Der soll durch den, den Gott geschenkt,
Erlösung, Trost und Gaben
Des ewgen Lebens haben.

7. Ach! mein Gott, meines Lebens Grund,
Wo soll ich Worte finden?
Mit was für Lobe soll mein Mund
Dein treues Herz ergründen?
Wie ist dir immermehr geschehn?
Was hast du an der Welt ersehn,
Dass, die so hoch dich höhnet,
Du so gar hoch gekrönet?

8. Warum behieltst du nicht dein Recht,
Und ließest ewig pressen
Diejen'ge, die dein Recht geschwächt
Und freventlich vergessen?
Was hattest du an der für Lust,
Von welcher dir doch war bewusst,
Dass sie für dein Verschonen
Dir schändlich würde lohnen?

9. Das Herz im Leibe weinet mir
Vor großem Leid und Grämen,
Wenn ich bedenke, wie wir dir
So gar schlecht uns bequemen.
Die meisten wollen deiner nicht,

Und was du ihnen zugericht't
Durch deines Sohnes Büßen,
Das treten sie mit Füßen.

10. Du, frommer Vater, meinst es gut
Mit allen Menschenkindern,
Du ordnest deines Sohnes Blut,
Und reichst es allen Sündern,
Willst, dass sie mit der Glaubenshand
Das, was du ihnen zugewandt,
Dich völlig zu erquicken,
Fest in ihr Herze drücken.

11. Sieh aber, ist nicht immerfort
Dir alle Welt zuwider?
Du bauest hier, du bauest dort,
Die Welt schlägt alles nieder;
Darum erlangt sie auch kein Heil,
Sie bleibt im Tod und hat kein Teil
Am Reiche, da die Frommen,
Die Gott gefolgt, hinkommen.

12. An dir, o Gott, ist keine Schuld,
Du, du hast nichts verschlafen.
Der Feind und Hasser deiner Huld
Ist Ursach seiner Strafen,
Weil Er den Sohn, der ihm so klar
Und nah ans Herz gestellet war,
Auch einig helfen sollte,
Durchaus nicht haben wollte.

13. So fahre hin, du tolle Schar,
    Ich bleibe bei dem Sohne,
    Dem geb ich mich, des bin ich gar,
    Und Er ist meine Krone.
    Hab ich den Sohn, so hab ich gnug,
    Sein Kreuz und Leiden ist mein Schmuck,
    Sein' Angst ist meine Freude,
    Sein Sterben meine Weide.

14. Ich freue mich, so oft und viel
    Ich dieses Sohns gedenke;
    Dies ist mein Lied und Saitenspiel,
    Wenn ich mich heimlich kränke,
    Wenn meine Sünd und Missetat
    Will größer sein als Gottes Gnad,
    Und wenn mir meinen Glauben
    Mein eigen Herz will rauben.

15. Ei, sprech ich, war mir Gott geneigt,
    Da wir noch Feinde waren,
    So wird Er ja, der kein Recht beugt,
    Nicht feindlich mit mir fahren
    Anjetzo, da ich ihm versühnt,
    Da, wo ich Böses je verdient,
    Sein Sohn, der nichts verschuldet,
    So wohl für mich erduldet.

16. Fehlt's hier und da? Ei, unverzagt!
    Lass Sorg und Kummer schwinden!
    Der mir das Größte nicht versagt,
    Wird Rat zum Kleinen finden.
    Hat Gott mir seinen Sohn geschenkt,

Und für mich in den Tod gesenkt,
Wie sollt Er (lasst uns denken)
Mit ihm nicht alles schenken?

17. Ich bin's gewiss und sterbe drauf
Nach meines Gottes Willen:
Mein Kreuz und ganzer Lebenslauf
Wird sich noch fröhlich stillen.
Hier hab ich Gott und Gottes Sohn,
Und dort, bei Gottes Stuhl und Thron,
Da wird fürwahr mein Leben
In ewgen Freuden schweben.

Gott Vater, sende deinen Geist

Mel.: Kommt her zu mir, spricht Gottes Sohn

1. Gott Vater, sende deinen Geist,
Den uns dein Sohn erbitten heißt,
Aus deines Himmels Höhen;
Wir bitten, wie Er uns gelehrt,
Lass uns doch ja nicht unerhört
Von deinem Throne gehen!

2. Kein Menschenkind hier auf der Erd
Ist dieser edlen Gabe wert,
Bei uns ist kein Verdienen.
Hier gilt gar nichts, als Lieb und Gnad,
Die Christus uns verdienet hat
Mit Büßen und Versühnen.

3. Es jammert deinen Vatersinn
   Der große Jammer, da wir hin
   Durch Adams Fall gefallen;
   Durch dieses Fallen ist die Macht
   Des bösen Geistes, leider! bracht
   Auf ihn und auf uns allen.

4. Wir halten, Herr, an unserm Heil,
   Und sind gewiss, dass wir dein Teil
   In Christo werden bleiben,
   Die wir durch seinen Tod und Blut
   Des Himmels Erb und höchstes Gut
   Zu haben treulich gläuben.

5. Und das ist auch ein Gnadenwerk
   Und deines Heilgen Geistes Stärk,
   In uns ist kein Vermögen:
   Wie bald würd unser Glaub und Treu,
   Herr, wo du uns nicht stündest bei,
   Sich in die Asche legen?

6. Dein Geist hält unsers Glaubens Licht,
   Wenn alle Welt dawider ficht
   Mit Sturm und vielen Waffen.
   Und wenn auch gleich der Fürst der Welt
   Selbst wider uns sich legt ins Feld,
   So kann er doch nichts schaffen.

7. Wo Gottes Geist ist, da ist Sieg,
   Wo dieser hilft, da wird der Krieg
   Gewisslich wohl ablaufen.
   Was ist des Satans Reich und Stand?

Wenn Gottes Geist erhebt die Hand,
   Fällt alles über'n Haufen.

8. Er reißt der Höllen Band entzwei,
   Er tröst't und macht das Herze frei
   Von allem, was uns kränket.
   Wenn uns des Unglücks Wetter schreckt,
   So ist Er, der uns schützt und deckt
   Viel besser, als man denkt.

9. Er macht das bittre Kreuze süß,
   Ist unser Licht in Finsternis.
   Führt uns als seine Schafe,
   Hält über uns sein Schild, und macht,
   Dass seine Herd' in tiefer Nacht
   Mit Fried und Ruhe schlafe.

10. Der Geist, den Gott vom Himmel gibt,
    Der leitet alles, was ihn liebt,
    Auf wohlgebahnten Wegen;
    Er setzt und richtet unsern Fuß,
    Dass er nicht anders treten muss,
    Als wo man findt den Segen.

11. Er macht geschickt und rüstet aus
    Die Diener, die des Herren Haus
    In diesem Leben bauen;
    Er ziert ihr Herz, Mund und Verstand,
    Lässt ihnen, was uns unbekannt,
    Zu unserm Besten schauen.

12. Er öffnet unsers Herzens Tor,
    Wenn sie sein Wort in unser Ohr
    Als edlen Samen streuen;
    Er gibet Kraft demselben Wort,
    Und wenn es fället, bringt Er's fort
    Und lässet's wohl gedeihen.

13. Er lehret uns die Furcht des Herrn,
    Liebt Reinigkeit und wohnet gern
    In frommen, keuschen Seelen;
    Was niedrig ist, was Tugend ehrt,
    Was Buße tut und sich bekehrt,
    Das pflegt Er zu erwählen.

14. Er ist und bleibet stets getreu,
    Und steht uns auch im Tode bei,
    Wenn alle Ding' abstehen;
    Er lindert unsre letzte Qual,
    Lässt uns hindurch ins Himmels Saal
    Getrost und fröhlich gehen.

15. O selig, wer in dieser Welt
    Lässt diesem Gaste Haus und Zelt
    In seiner Seel aufschlagen.
    Wer ihn aufnimmt in dieser Zeit,
    Den wird Er dort zur ewgen Freud
    In Gottes Hütte tragen.

16. Nun, Herr und Vater aller Gut,
    Hör unsern Wunsch, geuß ins Gemüt
    Uns allen diese Gabe.
    Gib deinen Geist, der uns allhier

Regiere und dort für und für
Im ewgen Leben labe.

Zeuch ein zu meinen Toren

Mel.: Von Gott will ich nicht lassen

1. Zeuch ein zu meinen Toren,
   Sei meines Herzens Gast,
   Der du, da ich geboren,
   Mich neu geboren hast.
   O hochgeliebter Geist
   Des Vaters und des Sohnes,
   Mit beiden gleiches Thrones,
   Mit beiden gleich gepreist.

2. Zeuch ein, lass mich empfinden
   Und schmecken deine Kraft,
   Die Kraft, die uns von Sünden
   Hilf und Errettung schafft.
   Entsündge meinen Sinn,
   Dass ich mit reinem Geiste
   Dir Ehr und Dienste leiste,
   Die ich dir schuldig bin.

3. Ich war ein wilder Reben,
   Du hast mich gut gemacht,
   Der Tod durchdrang mein Leben,
   Du hast ihn umgebracht
   Und in der Tauf erstickt,

Als wie in einer Flute,
Mit dessen Tod und Blute,
Der uns im Tod erquickt.

4. Du bist das heilge Öle,
Dadurch gesalbet ist
Mein Leib und meine Seele
Dem Herren Jesu Christ
Zum wahren Eigentum,
Zum Priester und Propheten,
Zum Kön'ge, den in Nöten
Gott schützt im Heiligtum.

5. Du bist ein Geist, der lehret,
Wie man recht beten soll,
Dein Beten wird erhöret,
Dein Singen klinget wohl;
Es steigt zum Himmel an,
Es steigt und lässt nicht abe,
Bis der geholfen habe,
Der allen helfen kann.

6. Du bist ein Geist der Freuden,
Vom Trauern hältst du nicht,
Erleuchtest uns im Leiden
Mit deines Trostes Licht.
Ach ja, wie manches Mal
Hast du mit süßen Worten
Mir aufgetan die Pforten
Zum güldnen Freudensaal!

7. Du bist ein Geist der Liebe,
   Ein Freund der Freundlichkeit,
   Willst nicht, dass uns betrübe
   Zorn, Zank, Hass, Neid und Streit.
   Der Feindschaft bist du feind,
   Willst, dass durch Liebesflammen
   Sich wieder tun zusammen,
   Die voller Zwietracht seind.

8. Du, Herr, hast selbst in Händen
   Die ganze weite Welt,
   Kannst Menschenherzen wenden,
   Wie dir es wohlgefällt;
   So gib doch deine Gnad
   Zum Fried und Liebesbanden,
   Verknüpf in allen Landen,
   Was sich getrennet hat.

9. Ach, edle Friedensquelle,
   Schleuß deinen Abgrund auf,
   Und gib dem Frieden schnelle
   Hier wieder seinen Lauf;
   Halt ein die große Flut,
   Die Flut, die eingerissen,
   Sodass man siehet fließen
   Wie Wasser Menschenblut.

10. O lass dein Volk erkennen
    Die Vielheit ihrer Sünd,
    Auch Gottes Grimm so brennen,
    Dass er bei uns entzünd
    Den ernsten bittern Schmerz,

Und Buße, die bereuet,
Des sich zuerst erfreuet
Ein weltergebnes Herz.

11. Auf Buße folgt der Gnaden,
Auf Reu der Freuden Blick;
Sich bessern heilt den Schaden,
Fromm werden bringet Glück.
Herr! tu's zu deiner Ehr,
Erweiche Stahl und Steine,
Auf dass das Herze weine,
Der Böse sich bekehr.

12. Erhebe dich und steure
Dem Herzleid auf der Erd,
Bring wieder und erneure
Die Wohlfahrt deiner Herd'!
Lass blühen wie zuvorn
Die Länder, so verheeret,
Die Kirchen, so zerstöret
Durch Krieg und Feuerszorn.

13. Beschirm die Polizeien,
Bau unsrer Fürsten Thron,
Dass sie und wir gedeihen;
Schmück, als mit einer Kron,
Die Alten mit Verstand,
Mit Frömmigkeit die Jugend,
Mit Gottesfurcht und Tugend
Das Volk im ganzen Land.

14. Erfülle die Gemüter
    Mit reiner Glaubenszier,
    Die Häuser und die Güter
    Mit Segen für und für;
    Vertreib den bösen Geist,
    Der dir sich widersetzet,
    Und was dein Herz ergötzet,
    Aus unserm Herzen reißt.

15. Gib Freudigkeit und Stärke,
    Zu stehen in dem Streit,
    Den Satans Reich und Werke
    Uns täglich anerbeut.
    Hilf kämpfen ritterlich,
    Damit wir überwinden,
    Und ja zum Dienst der Sünden
    Kein Christ ergebe sich.

16. Richt unser ganzes Leben
    Allzeit nach deinem Sinn,
    Und wenn wir's sollen geben
    In Todes Hände hin,
    Wenn's mit uns hie wird aus,
    So hilf uns fröhlich sterben,
    Und nach dem Tod ererben
    Des ewgen Lebens Haus!

KATECHISMUSLIEDER

Gebet

Der 121. Psalm Davids

Mel.: Nicht so traurig, nicht so sehr

1. Ich erhebe, Herr, zu dir
   Meiner beiden Augen Licht;
   Mein Gesicht ist für und für
   Zu den Bergen aufgericht't,
   Zu den Bergen, da herab
   Ich mein Heil und Hilfe hab.

2. Meine Hilfe kommt allein
   Von des Schöpfers Händen her,
   Der so künstlich, hübsch und fein
   Himmel, Erden, Luft und Meer
   Und was in dem allen ist,
   Uns zum Besten ausgerüst't.

3. Er nimmt deiner Füße Tritt,
   O mein Herze! wohl in Acht;
   Wenn du gehest, geht Er mit,
   Und bewahrt dich Tag und Nacht.

　　　　Sei getrost, das Höllenheer
　　　　Wird dir schaden nimmermehr.

4. Siehe, wie sein Auge wacht,
　　　　Wenn du liegest in der Ruh:
　　　　Wenn du schläfest, kommt mit Macht
　　　　Auf dein Bett geflogen zu
　　　　Seiner Engel güldne Schar,
　　　　Dass sie deiner nehmen wahr.

5. Alles, was du bist und hast,
　　　　Ist umringt mit seiner Hut.
　　　　Deiner Sorgen schwere Last
　　　　Nimmt Er weg, macht alles gut.
　　　　Leib und Seel hält Er verdeckt,
　　　　Wenn dich Sturm und Wetter schreckt.

6. Wenn der Sonnen Hitze brennt
　　　　Und des Leibes Kräfte bricht,
　　　　Wenn dich Stern und Monde blendt
　　　　Mit dem klaren Angesicht,
　　　　Hat Er seine starke Hand
　　　　Dir zum Schatten vorgewandt.

7. Nun, Er fahre immer fort,
　　　　Der getreue, fromme Hirt,
　　　　Bleibe stets dein Schild und Hort,
　　　　Wenn dein Herz geängstigt wird;
　　　　Wenn die Not wird viel und groß,
　　　　Schließt Er dich in seinen Schoß.

8. Wenn du sitzest, wenn du stehst,
Wenn du redest, wenn du hörst,
Wenn du aus dem Hause gehst,
Und zurücke wieder kehrst,
Wenn du trittst aus oder ein,
Woll Er dein Gefährte sein.

*Um Glück und Segen zu allem
christlichen Tun und Vorhaben*

Jer. 10, 23.
Mel.: Verzage nicht, o frommer Christ

1. Ich weiß, mein Gott, dass all mein Tun
Und Werk auf deinem Willen ruhn,
Von dir kommt Glück und Segen,
Was du regierst, das geht und steht
Auf rechten guten Wegen.

2. Es steht in keines Menschen Macht,
Dass sein Rat werd ins Werk gebracht
Und seines Gangs sich freue:
Des Höchsten Rat, der macht's allein,
Dass Menschenrat gedeihe.

3. Oft denkt der Mensch in seinem Mut,
Dies oder jenes sei ihm gut
Und ist doch weit gefehlet,
Oft sieht er auch für schädlich an,
Was doch Gott selbst erwählet.

4. So fängt auch oft ein weiser Mann
   Ein gutes Werk zwar fröhlich an,
   Und bringt's doch nicht zum Stande,
   Er baut ein Schloss und festes Haus,
   Doch nur auf lauterm Sande.

5. Wie mancher ist in seinem Sinn
   Fast über Berg' und Spitzen hin,
   Und eh er sich's versiehet,
   So liegt er da und hat sein Fuß
   Vergeblich sich bemühet.

6. Drum, lieber Vater, der du Kron
   Und Zepter trägst im Himmelsthron
   Und aus den Wolken blitzest,
   Vernimm mein Herz und höre mich
   Vom Stuhle, da du sitzest.

7. Verleihe mir das edle Licht,
   Das sich von deinem Angesicht
   In fromme Seelen strecket,
   Und da der rechten Weisheit Kraft
   Durch deine Kraft erwecket.

8. Gib mir Verstand aus deiner Höh,
   Auf dass ich gar nicht ruh und steh
   Auf meinem eignen Willen.
   Sei du mein Freund und treuer Rat,
   Was gut ist, zu erfüllen.

9. Prüf alles wohl, und was mir gut,
   Das gib mir ein, was Fleisch und Blut

Erwählet, das verwehre:
Der höchste Zweck, das beste Teil
Sei deine Lieb und Ehre.

10. Was dir gefällt, das lass auch mir,
O meiner Seelen Sonn und Zier,
Gefallen und belieben;
Was dir zuwider, lass mich nicht
In Werk und Tat verüben!

11. Ist's Werk von dir, so hilf zu Glück,
Ist's Menschentun, so treib's zurück
Und ändre meine Sinnen:
Was du nicht wirkst, pflegt von ihm selbst
In kurzem zu zerrinnen.

12. Sollt aber dein und unser Feind
An dem, was dein Herz gut gemeint,
Beginnen sich zu rächen,
Ist das mein Trost, dass seinen Zorn
Du leichtlich könnest brechen.

13. Tritt zu mir zu und mache leicht,
Was mir sonst fast unmöglich deucht't,
Und bring zum guten Ende,
Was du selbst angefangen hast
Durch Weisheit deiner Hände.

14. Ist gleich der Anfang etwas schwer
Und muss ich auch ins tiefe Meer
Der bittern Sorgen treten,

So treib mich nur ohn Unterlass
Zu seufzen und zu beten.

15. Wer fleißig betet und dir traut,
Wird alles, da ihm sonst vor graut,
Mit tapferm Mut bezwingen,
Sein Sorgenstein wird in der Eil
In tausend Stücke springen.

16. Der Weg zum Guten ist fast wild,
Mit Dorn und Hecken ausgefüllt,
Doch, wer ihn freudig gehet,
Kommt endlich, Herr, durch deinen Geist,
Wo Freud und Wonne stehet.

17. Du bist mein Vater, ich dein Kind;
Was ich bei mir nicht hab und find,
Hast du zu aller Gnüge;
So hilf nun, dass ich meinen Stand
Wohl halt und herrlich siege.

18. Dein soll sein aller Ruhm und Ehr,
Ich will dein Tun je mehr und mehr
Aus hocherfreuter Seelen
Vor deinem Volk und aller Welt,
So lang ich leb, erzählen.

Um die Liebe Christi

Mel.: Ich ruf zu dir, Herr Jesu Christ

1. O Jesu Christ, mein schönstes Licht,
   Der du in deiner Seelen
   So hoch mich liebst, dass ich es nicht
   Aussprechen kann noch zählen:
   Gib, dass mein Herz dich wiederum
   Mit Lieben und Verlangen
   Mög umfangen,
   Und als dein Eigentum
   Nur einzig an dir hangen.

2. Gib, dass sonst nichts in meiner Seel,
   Als deine Liebe wohne,
   Gib, dass ich deine Lieb erwähl
   Als meinen Schatz und Krone!
   Stoß alles aus, nimm alles hin,
   Was dich und mich will trennen,
   Und nicht gönnen,
   Dass all mein Mut und Sinn
   In deiner Liebe brennen.

3. Wie freundlich, selig, süß und schön
   Ist, Jesu, deine Liebe!
   Wo diese steht, kann nichts bestehn,
   Das meinen Geist betrübe.
   Drum lass nichts anders denken mich,
   Nichts sehen, fühlen, hören,
   Lieben, ehren,

Als deine Lieb und dich,
Der du sie kannst vermehren.

4. O dass ich dieses hohe Gut
   Möcht ewiglich besitzen!
   O dass in mir dies edle Blut
   Ohn Ende möchte hitzen!
   Ach! hilf mir wachen Tag und Nacht,
   Und diesen Schatz bewahren
   Vor den Scharen,
   Die wider uns mit Macht
   Aus Satans Reiche fahren.

5. Mein Heiland, du bist nur zulieb
   In Not und Tod gegangen,
   Und hast am Kreuze wie ein Dieb
   Und Mörder da gehangen,
   Verhöhnt, verspeit und sehr verwundt:
   Ach! lass mich deine Wunden
   Alle Stunden
   Mit Lieb im Herzensgrund
   Auch ritzen und verwunden!

6. Dein Blut, das dir vergossen ward,
   Ist köstlich, gut und reine,
   Mein Herz hingegen böser Art
   Und hart gleich einem Steine:
   Ach! lass doch deines Blutes Kraft
   Mein hartes Herze zwingen,
   Wohl durchdringen,
   Und diesen Lebenssaft
   Mir deine Liebe bringen!

7. O dass mein Herze offen stünd
   Und fleißig möcht auffangen
   Die Tropfen Bluts, die meine Sünd
   Im Garten dir abdrangen!
   O dass sich meiner Augen Brunn
   Auftät, und mit viel Stöhnen
   Heiße Tränen
   Vergösse, wie die tun,
   Die sich in Liebe sehnen!

8. O dass ich, wie ein kleines Kind,
   Mit Weinen dir nachginge,
   So lange, bis dein Herz entzündt
   Mit Armen mich umfinge,
   Und deine Seel in mein Gemüt
   In voller süßer Liebe
   Sich erhübe,
   Und also deiner Güt
   Ich stets vereinigt bliebe!

9. Ach, zeuch mein Liebster, mich nach dir,
   So lauf ich mit den Füßen!
   Ich lauf, und will dich mit Begier
   In meinem Herzen küssen;
   Ich will aus deines Mundes Zier
   Den süßen Trost empfinden,
   Der die Sünden
   Und alles Unglück hier
   Kann leichtlich überwinden.

10. Mein Trost, mein Schatz, mein Licht und Heil,
    Mein höchstes Gut und Leben,

Ach! nimm mich auf zu deinem Teil,
Wie ich mich dir ergeben!
Denn außer dir ist lauter Pein,
Ich find hier überalle
Nichts als Galle,
Nichts kann mir tröstlich sein,
Nichts ist, das mir gefalle.

11. Du aber bist die beste Ruh,
In dir ist Fried und Freude:
Gib, Jesu, gib, dass immerzu
Mein Herz in dir sich weide!
Sei meine Flamm und brenn in mir,
Mein Balsam, wollest eilen,
Lindern, heilen,
Den Schmerzen, der allhier
Mich seufzen macht und heulen!

12. Was ist's, ach Schönster! das ich nicht
An deiner Liebe habe?
Sie ist mein Stern, mein Sonnenlicht,
Mein Quell, da ich mich labe,
Mein süßer Wein, mein Himmelsbrot,
Mein Kleid vor Gottes Throne,
Meine Krone,
Mein Schutz in aller Not,
Mein Haus, darin ich wohne.

13. Ach, liebstes Lieb! wenn du entweichst,
Was hilft mir sein geboren?
Wenn du mir deine Lieb entzeuchst,
Ist all mein Gut verloren.

So gib, dass ich dich, meinen Gast,
Wohl such und bestermaßen
Möge fassen,
Und wenn ich dich gefasst,
In Ewigkeit nicht lassen.

14. Du hast mich je und je geliebt
Und auch nach dir gezogen;
Eh ich noch je was Guts geübt,
Warst du mir schon gewogen:
Ach! lass doch ferner, edler Hort,
Mich deine Liebe leiten
Und begleiten,
Dass sie mir immerfort
Beisteh auf allen Seiten.

15. Lass meinen Stand, darin ich steh,
Herr, deine Liebe zieren,
Und wo ich etwan irre geh,
Alsbald zurechte führen.
Lass sie mir allzeit guten Rat
Und weise Werke lehren,
Steuern, wehren
Der Sünd, und nach der Tat
Bald wieder mich bekehren.

16. Lass sie sein meine Freud in Leid,
In Schwachheit mein Vermögen,
Und wenn ich nach vollbrachter Zeit
Mich soll zur Ruhe legen,
Alsdann lass deine Liebestreu,
Herr Jesu, bei mir stehen,

Luft zuwehen,
Dass ich getrost und frei
Mög in dein Reich eingehen!

Morgen- und Abendsegen

Morgensegen

In eigener Melodie

1. Die güldne Sonne
   Voll Freud und Wonne,
   Bringt unsern Grenzen
   Mit ihrem Glänzen
   Ein herzerquickendes liebliches Licht.
   Mein Haupt und Glieder,
   Die lagen darnieder,
   Aber nun steh ich,
   Bin munter und fröhlich,
   Schaue den Himmel mit meinem Gesicht.

2. Mein Auge schauet,
   Was Gott gebauet
   Zu seinen Ehren,
   Und uns zu lehren,
   Wie sein Vermögen sei mächtig und groß,
   Und wo die Frommen
   Dann sollen hinkommen,
   Wann sie mit Frieden
   Von hinnen geschieden,
   Aus dieser Erden vergänglichem Schoß.

3. Lasset uns singen,
Dem Schöpfer bringen
Güter und Gaben,
Was wir nur haben,
Alles sei Gotte zum Opfer gesetzt.
Die besten Güter
Sind unsre Gemüter,
Dankbare Lieder
Sind Weihrauch und Widder,
An welchen Er sich am meisten ergötzt.

4. Abend und Morgen
Sind seine Sorgen,
Segnen und mehren,
Unglück verwehren,
Sind seine Werke und Taten allein.
Wenn wir uns legen,
So ist Er zugegen,
Wenn wir aufstehen,
So lässt Er aufgehen
Über uns seiner Barmherzigkeit Schein.

5. Ich hab erhoben
Zu dir hoch droben
All meine Sinnen,
Lass mein Beginnen
Ohn allen Anstoß und glücklich ergehn.
Laster und Schande,
Des Lucifers Bande,
Fallen und Tücke
Treib ferne zurücke,
Lass mich auf deinen Geboten bestehn.

6. Lass mich mit Freuden
   Ohn alles Neiden
   Sehen den Segen,
   Den du wirst legen
   In meines Bruders und Nähesten Haus.
   Geiziges Brennen,
   Unchristliches Rennen,
   Nach Gut mit Sünde,
   Das tilge geschwinde
   Von meinem Herzen und wirf es hinaus.

7. Menschliches Wesen,
   Was ist's gewesen?
   In einer Stunde
   Geht es zugrunde,
   Sobald das Lüftlein des Todes drein bläst.
   Alles in allem
   Muss brechen und fallen,
   Himmel und Erden,
   Die müssen das werden,
   Was sie vor ihrer Erschaffung gewest.

8. Alles vergehet,
   Gott aber stehet
   Ohn alles Wanken,
   Seine Gedanken,
   Sein Wort und Willen hat ewigen Grund.
   Sein Heil und Gnaden,
   Die nehmen nicht Schaden,
   Heilen im Herzen
   Die tödlichen Schmerzen,
   Halten uns zeitlich und ewig gesund.

9. Gott, meine Krone,
Vergib und schone!
Lass meine Schulden
In Gnad und Hulden
Aus deinen Augen sein abgewandt.
Sonsten regiere
Mich, lenke und führe,
Wie dir's gefället:
Ich habe gestellet
Alles in deine Beliebung und Hand.

10. Willst du mir geben,
Womit mein Leben
Ich kann ernähren,
So lass mich hören
Allzeit im Herzen dies heilige Wort:
Gott ist das Größte,
Das Schönste, das Beste,
Gott ist das Süßte
Und Allergewisste,
Aus allen Schätzen der edelste Hort.

11. Willst du mich kränken,
Mit Gallen tränken,
Und soll von Plagen
Ich auch was tragen,
Wohlan! so mach es, wie dir es beliebt.
Was gut und tüchtig,
Was schädlich und nichtig
Meinem Gebeine,
Das weißt du alleine,
Hast niemals keinen zu sehre betrübt.

12. Kreuz und Elende,
    Das nimmt ein Ende;
    Nach Meeresbrausen
    Und Windessausen
    Leuchtet der Sonne gewünschtes Gesicht.
    Freude die Fülle
    Und selige Stille
    Hab ich zu warten
    Im himmlischen Garten,
    Dahin sind meine Gedanken gericht't.

Lobet den Herren

Mel.: Lobet den Herren, denn Er ist sehr freundlich

1. Lobet den Herren,
   Alle, die ihn fürchten.
   Lasst uns mit Freuden seinem Namen singen
   Und Preis und Dank zu seinem Altar bringen.
   Lobet den Herren.

2. Der unser Leben,
   Das Er uns gegeben,
   In dieser Nacht so väterlich bedecket
   Und aus dem Schlaf uns fröhlich auferwecket.
   Lobet den Herren.

3. Dass unsre Sinnen
   Wir noch brauchen können,

Und Hand und Füße, Zung und Lippen regen,
Das haben wir zu danken seinem Segen.
Lobet den Herren.

4. Dass Feuerflammen
   Uns nicht allzusammen
   Mit unsern Häusern unversehns gefressen,
   Das machts, dass wir in seinem Schoß gesessen.
   Lobet den Herren.

5. Dass Dieb' und Räuber
   Unser Gut und Leiber
   Nicht angetastet und grausamlich verletzet,
   Dawider hat sein Engel sich gesetzet.
   Lobet den Herren.

6. O treuer Hüter,
   Brunnen aller Güter!
   Ach! lass doch ferner über unser Leben
   Bei Tag und Nacht dein Hut
             und Güte schweben.
   Lobet den Herren.

7. Gib, dass wir heute,
   Herr, durch dein Geleite
   Auf unsern Wegen unverhindert gehen,
   Und überall in deiner Gnade stehen.
   Lobet den Herren.

8. Treib unsern Willen,
   Dein Wort zu erfüllen.
   Lehr uns verrichten heilige Geschäfte,

Und wo wir schwach sind,
>> da gib du uns Kräfte.
Lobet den Herren.

9. Nicht unsre Herzen,
Dass wir ja nicht scherzen
Mit deinen Strafen, sondern fromm zu werden
Vor deiner Zukunft uns bemühn auf Erden.
Lobet den Herren.

10. Herr, du wirst kommen,
Und all deine Frommen,
Die sich bekehren, gnädig dahin bringen,
Da alle Engel ewig, ewig singen:
Lobet den Herren.

Wach auf, mein Herz, und singe

Mel.: Nun lasst uns Gott, dem Herren

1. Wach auf, mein Herz! und singe
Dem Schöpfer aller Dinge,
Dem Geber aller Güter,
Dem frommen Menschenhüter.

2. Heint, als die dunkeln Schatten
Mich ganz umfangen hatten,
Hat Satan mein begehret,
Gott aber hat's verwehret.

3. Ja, Vater, als er suchte,
   Dass er mich fressen mochte,
   War ich in deinem Schoße,
   Dein Flügel mich beschlosse.

4. Du sprachst: Mein Kind, nun liege,
   Trotz dem, der dich betrüge,
   Schlaf wohl, lass dir nicht grauen,
   Du sollst die Sonne schauen.

5. Dein Wort, das ist geschehen,
   Ich kann das Licht noch sehen,
   Von Not bin ich befreiet,
   Dein Schutz hat mich verneuet.

6. Du willst ein Opfer haben;
   Hier bring ich meine Gaben.
   Mein Weihrauch, Farr und Widder
   Sind mein Gebet und Lieder.

7. Die wirst du nicht verschmähen,
   Du kannst ins Herze sehen
   Und weißest, dass zur Gabe
   Ich ja nichts Bessers habe.

8. So wollst du nun vollenden
   Dein Werk an mir und senden,
   Der mich an diesem Tage
   Auf seinen Händen trage.

9. Sprich Ja zu meinen Taten,
   Hilf selbst das Beste raten,
   Den Anfang, Mitt'l und Ende,
   Ach! Herr, zum Besten wende.

10. Mit Segen mich beschütte,
    Mein Herz sei deine Hütte,
    Dein Wort sei meine Speise,
    Bis ich gen Himmel reise.

Nun ruhen alle Wälder

Mel.: O Welt, ich muss dich lassen

1. Nun ruhen alle Wälder,
   Vieh, Menschen, Städt und Felder,
   Es schläft die ganze Welt:
   Ihr aber, meine Sinnen,
   Auf, auf! ihr sollt beginnen,
   Was eurem Schöpfer wohlgefällt.

2. Wo bist du, Sonne, blieben?
   Die Nacht hat dich vertrieben,
   Die Nacht, des Tages Feind:
   Fahr hin, ein' andre Sonne,
   Mein Jesus, meine Wonne,
   Gar hell in meinem Herzen scheint.

3. Der Tag ist nun vergangen,
   Die güldnen Sternlein prangen
   Am blauen Himmelssaal:
   So, so werd ich auch stehen,
   Wenn mich wird heißen gehen
   Mein Gott aus diesem Jammertal.

4. Der Leib, der eilt zur Ruhe,
   Legt ab das Kleid und Schuhe,
   Das Bild der Sterblichkeit:
   Die zieh ich aus, dagegen
   Wird Christus mir anlegen
   Den Rock der Ehr und Herrlichkeit.

5. Das Haupt, die Füß und Hände
   Sind froh, dass nun zum Ende
   Die Arbeit kommen sei:
   Herz, freu dich, du sollst werden
   Vom Elend dieser Erden
   Und von der Sünden Arbeit frei.

6. Nun geht, ihr matten Glieder,
   Geht, geht und legt euch nieder,
   Der Betten ihr begehrt!
   Es kommen Stund und Zeiten,
   Da man euch wird bereiten
   Zur Ruh ein Bettlein in der Erd.

7. Mein' Augen stehn verdrossen,
   Im Nu sind sie geschlossen,
   Wo bleibt dann Leib und Seel?
   Nimm sie zu deinen Gnaden,

Sei gut für allen Schaden,
Du Aug und Wächter Israel.

8. Breit aus die Flügel beide,
O Jesu, meine Freude,
Und nimm dein Küchlein ein!
Will Satan mich verschlingen,
So lass die Englein singen:
Dies Kind soll unverletzet sein.

9. Auch euch, ihr meine Lieben,
Soll heute nicht betrüben
Kein Unfall noch Gefahr!
Gott lass euch ruhig schlafen,
Stell euch die güldnen Waffen
Ums Bett und seiner Helden Schar!

LOB- UND DANKLIEDER

Danklied nach ausgestandenem großen Kummer und Betrübnis

Mel.: Singen wir aus Herzensgrund

1. Auf den Nebel folgt die Sonn,
   Auf das Trauern Freud und Wonn,
   Auf die schwere, bittre Pein
   Stellt sich Trost und Labsal ein:
   Meine Seele, die zuvor
   Sank bis zu dem Höllentor,
   Steigt nun bis zum Himmelschor.

2. Der, vor dem die Welt erschrickt,
   Hat mir meinen Geist erquickt,
   Seine hohe, starke Hand
   Reißt mich aus der Höllen Band:
   Alle seine Lieb und Güt
   Überschwemmt mir mein Gemüt
   Und erfrischt mir mein Geblüt.

3. Hab ich vormals Angst gefühlt,
   Hat der Gram mein Herz zerwühlt,
   Hat der Kummer mich beschwert,

Hat der Satan mich betört:
Ei! so bin ich nunmehr frei,
Heil und Rettung, Schutz und Treu
Steht mir wieder treulich bei.

4. Nun erfahr ich, schnöder Feind,
Wie du's habst mit mir gemeint!
Du hast wahrlich mich mit Macht
In dein Netz zu ziehn gedacht,
Hätt ich dir zu viel getraut,
Hättst du, eh ich zugeschaut,
Mir zum Fall ein Sieb gebaut.

5. Ich erkenne deine List,
Da du mit erfüllet bist.
Du beleugst mir meinen Gott
Und machst seinen Ruhm zu Spott:
Wann Er setzt, so wirfst du um,
Wann Er spricht, verkehrt dein Grimm
Seine süße Vaterstimm.

6. Hoff und wart ich alles Guts,
Bin ich froh und guten Muts,
Rückst du mir aus meinem Sinn
Alles gute Sinnen hin:
Gott ist, sprichst du, fern von dir,
Alles Unglück bricht herfür,
Steht und liegt vor deiner Tür.

7. Heb dich weg, verlogner Mund!
Hier ist Gott und Gottes Grund,
Hier ist Gottes Angesicht,

Und das schöne helle Licht
Seines Segens, seiner Gnad:
All sein Wort und weiser Rat
Steht vor mir in voller Tat.

8. Gott lässt keinen traurig stehn,
Noch mit Schimpf zurücke gehn,
Der sich ihm zu eigen schenkt
Und ihn in sein Herze senkt:
Wer auf Gott sein' Hoffnung setzt,
Findet endlich und zuletzt,
Was ihm Leib und Seel ergötzt.

9. Kommt's nicht heute, wie man will,
Sei man nur ein wenig still;
Ist doch morgen auch ein Tag,
Da die Wohlfahrt kommen mag,
Gottes Zeit hält ihren Schritt:
Wann die kommt, kommt unsre Bitt
Und die Freude reichlich mit.

10. Ach! wie ofte dacht ich doch,
Da nur noch des Trübsals Joch
Auf dem Haupt und Halse saß
Und das Leid mein Herze fraß:
Nun ist keine Hoffnung mehr,
Auch kein Ruhen, bis ich kehr
In das schwarze Totenmeer.

11. Aber mein Gott wandt es bald,
Heilt' und hielt mich dergestalt,
Dass ich, was sein Arm getan,

Nimmermehr gnug preisen kann:
Da ich weder hier noch da
Ein'gen Weg zur Hilfe sah,
Hatt ich seine Hilfe nah.

12. Als ich furchtsam und verzagt
Mich selbst und mein Herze plagt',
Als ich manche liebe Nacht
Mich mit Wachen krank gemacht,
Als mir aller Mut entfiel,
Tratst du, mein Gott, selbst ins Spiel,
Gabst dem Unfall Maß und Ziel.

13. Nun, solang ich in der Welt
Haben werde Haus und Zelt,
Soll mir dieser Wunderschein
Stets vor meinen Augen sein:
Ich will all mein Leben lang
Meinem Gott mit Lobgesang
Hiefür bringen Lob und Dank.

14. Allen Jammer, allen Schmerz,
Den des ewgen Vaters Herz
Mir schon jetzo zugezählt
Oder künftig auserwählt,
Will ich hier in diesem Lauf
Meines Lebens, allzuhauf
Frisch und freudig nehmen auf.

15. Ich will gehn in Angst und Not,
Ich will gehn bis in den Tod,
Und will gehn ins Grab hinein,

Und doch allzeit fröhlich sein;
Wem der Stärkste bei will stehn,
Wen der Höchste will erhöhn,
Kann nicht ganz zugrunde gehn.

Der 116. Psalm Davids

Mel.: Ein' feste Burg ist unser Gott

1. Das ist mir lieb, dass Gott, mein Hort,
So treulich bei mir stehet,
Wenn ich ihn bitte, wird kein Wort
In meiner Bitt verschmähet.
Des schwarzen Todes Hand,
Samt aller Höllen Band.
Umgaben überall
Mein Herz mit Angst und Qual,
Doch hat mir Gott geholfen.

2. Ich kam in Jammer und in Not,
Ich sank fast gar zugrunde,
Und da ich sank, rief ich zu Gott
Mit Herzen und mit Munde:
O Herr, ich weiß, du wirst,
Als des Lebens Fürst,
Schon führen meine Sach!
Und wie ich bat und sprach,
So ist's auch nun geschehen.

3. Sei wieder froh und gutes Muts,
   Mein Herze, sei zufrieden!
   Der Herr, der tut dir alles Guts,
   Durch ihn ist nun geschieden
   Und ferne weggebracht,
   Was mich traurig macht;
   Er hat mich aus dem Loch
   Und schweren Todesjoch
   Mit seiner Hand gerissen.

4. Mein Aug ist nun von Tränen frei,
   Mein Fuß von seinem Gleiten;
   Das will ich sagen ohne Scheu
   Und rühmen bei den Leuten.
   Was gar kein Mensch nicht kann,
   Das hat Gott getan.
   Der Mensch ist Lügen voll,
   Gott aber weiß gar wohl,
   Wie Er sein Wort soll halten.

5. Ich glaube fest in meinen Sinn,
   Und was mein Herze glaubet,
   Das red ich auch in Einfalt hin:
   Wer Gott vertraut, der bleibet.
   Die Welt und böse Rott
   Lacht des, mir zum Spott,
   Ja, plagt mich noch dazu,
   Ich aber steh und ruh
   Auf dir, mein Trost und Helfer.

6. Du stürzest meiner Feinde Rat,
   Und segnest, wenn sie schelten.

Wie soll ich doch die große Gnad
Dir immermehr vergelten?
Ich will, Herr, meines Teils
Den Kelch deines Heils,
Der voller Bitterkeit,
Doch mir zum Nutz gedeiht,
Gehorsamlich annehmen.

7. Was du mir zugemessen hast,
Das will ich gerne leiden;
Wer fröhlich trägt des Kreuzes Last,
Dem hilfst du aus mit Freuden.
Du weißt der Deinen Not,
Und hältst ihren Tod
Sehr hoch, sehr lieb und wert,
Auch lässt du auf der Erd
Ihr Blut nicht ungerochen.

8. So zürne nun gleich alle Welt
Mit mir, Herr, deinem Knechte.
Du, du deckst mich in deinem Zelt
Und reichst mir deine Rechte.
Darüber will ich dich
Allstets inniglich,
So gut ich immer kann,
Mit Dank vor jedermann
In deinem Hause preisen.

Der 23. Psalm Davids

Mel.: Wach auf, mein Herz, und singe

1. Der Herr, der aller Enden
   Regiert mit seinen Händen,
   Der Brunn der ewgen Güter,
   Der ist mein Hirt und Hüter.

2. Solang ich diesen habe,
   Fehlt's mir an keiner Gabe,
   Der Reichtum seiner Fülle
   Gibt mir die Füll und Hülle.

3. Er lässet mich mit Freuden
   Auf grüner Auen weiden,
   Führt mich zu frischen Quellen,
   Schafft Rat in schweren Fällen.

4. Wenn meine Seele zaget
   Und sich mit Sorgen plaget,
   Weiß Er sie zu erquicken,
   Aus aller Not zu rücken.

5. Er lehrt mich tun und lassen,
   Führt mich auf rechter Straßen,
   Lässt Furcht und Angst sich stillen
   Um seines Namens willen.

6. Und ob ich gleich vor andern
   Im finstern Tal muss wandern,

Fürcht ich doch keine Tücke,
Bin frei vorm Ungelücke.

7. Denn du stehst mir zur Seiten,
Schützst mich vor bösen Leuten,
Dein Stab, Herr, und dein Stecken
Benimmt mir all mein Schrecken.

8. Du setzest mich zu Tische,
Machst, dass ich mich erfrische,
Wenn mir mein Feind viel Schmerzen
Erweckt in meinem Herzen.

9. Du salbst mein Haupt mit Öle
Und füllest meine Seele,
Die leer und durstig saße,
Mit vollgeschenktem Maße.

10. Barmherzigkeit und Gutes
Wird mein Herz guten Mutes,
Voll Lust, voll Freud und Lachen,
Solang ich lebe, machen.

11. Ich will dein Diener bleiben
Und dein Lob herrlich treiben
Im Hause, da du wohnest
Und Frommsein wohl belohnest.

12. Ich will dich hier auf Erden
Und dort, wo wir dich werden
Selbst schaun, im Himmel droben,
Hoch preisen, sing'n und loben.

Der 146. Psalm Davids

Mel.: Herzlich tut mich verlangen

1. Du, meine Seele, singe,
   Wohlauf, und singe schön
   Dem, welchem alle Dinge
   Zu Dienst und Willen stehn!
   Ich will den Herren droben
   Hier preisen auf der Erd,
   Ich will ihn herzlich loben,
   Solang ich leben werd.

2. Ihr Menschen, lasst euch lehren,
   Es wird euch nützlich sein!
   Lasst euch doch nicht betören
   Die Welt mit ihrem Schein.
   Verlasse sich ja keiner
   Auf Fürstenmacht und Gunst,
   Weil sie, wie unsereiner,
   Nichts sind als nur ein Dunst.

3. Was Mensch ist, muss erblassen
   Und sinken in den Tod,
   Er muss den Geist auslassen,
   Selbst werden Erd und Kot:
   Allda ist's dann geschehen
   Mit seinem klugen Rat,
   Und ist frei klar zu sehen,
   Wie schwach sei Menschentat.

4. Wohl dem, der einzig schauet
Nach Jakobs Gott und Heil:
Wer dem sich anvertrauet,
Der hat das beste Teil,
Das höchste Gut erlesen,
Den schönsten Schatz geliebt;
Sein Herz und ganzes Wesen
Bleibt ewig unbetrübt.

5. Hier sind die starken Kräfte,
Die unerschöpfte Macht:
Das weisen die Geschäfte,
Die seine Hand gemacht,
Der Himmel und die Erde
Mit ihrem ganzen Heer,
Der Fisch' unzählge Herde
Im großen wilden Meer.

6. Hier sind die treuen Sinnen,
Die niemand unrecht tun,
All denen Gutes gönnen,
Die in der Treu beruhn.
Gott hält sein Wort mit Freuden,
Und was Er spricht, geschicht,
Und wer Gewalt muss leiden,
Den schützt Er im Gericht.

7. Er weiß viel tausend Weisen,
Zu retten aus dem Tod!
Ernährt und gibet Speisen
Zur Zeit der Hungersnot,
Macht schöne rote Wangen

Oft bei geringem Mahl,
   Und die da sind gefangen,
   Die reißt Er aus der Qual.

8. Er ist das Licht der Blinden,
   Erleuchtet ihr Gesicht,
   Und die sich schwach befinden,
   Die stellt Er aufgericht't.
   Er liebet alle Frommen,
   Und die ihm günstig seind,
   Die finden, wann sie kommen,
   An ihm den besten Freund.

9. Er ist der Fremden Hütte,
   Die Waisen nimmt Er an,
   Erfüllt der Witwen Bitte,
   Wird selbst ihr Trost und Mann.
   Die aber, die ihn hassen,
   Bezahlet Er im Grimm,
   Ihr Haus und wo sie saßen,
   Das wirft Er um und um.

10. Ach, ich bin viel zu wenig,
    Zu rühmen seinen Ruhm!
    Der Herr ist ewger König,
    Ich eine welke Blum.
    Jedoch weil ich gehöre
    Gen Zion in sein Zelt,
    Ist's billig, dass ich ehre
    Sein Lob vor aller Welt.

Sommergesang

Mel.: Kommt her zu mir, spricht Gottes Sohn

1. Geh aus, mein Herz, und suche Freud
   In dieser lieben Sommerzeit
   An deines Gottes Gaben!
   Schau an der schönen Gärten Zier,
   Und siehe, wie sie mir und dir
   Sich ausgeschmücket haben.

2. Die Bäume stehen voller Laub,
   Das Erdreich decket seinen Staub
   Mit einem grünen Kleide.
   Narzissus und die Tulipan,
   Die ziehen sich viel schöner an,
   Als Salomonis Seide.

3. Die Lerche schwingt sich in die Luft,
   Das Täublein fleucht aus seiner Kluft
   Und macht sich in die Wälder,
   Die hochbegabte Nachtigall
   Ergötzt und füllt mit ihrem Schall
   Berg, Hügel, Tal und Felder.

4. Die Glucke führt ihr Völklein aus,
   Der Storch baut und bewohnt sein Haus,
   Das Schwälblein speist ihr' Jungen,
   Der schnelle Hirsch, das leichte Reh
   Ist froh und kommt aus seiner Höh
   Ins tiefe Gras gesprungen.

5. Die Bächlein rauschen in dem Sand
   Und malen sich und ihren Rand
   Mit schattenreichen Myrten,
   Die Wiesen liegen hart dabei
   Und klingen ganz von Lustgeschrei
   Der Schaf und ihrer Hirten.

6. Die unverdrossne Bienenschar
   Zeucht hin und her, sucht hier und dar
   Ihr' edle Honigspeise,
   Des süßen Weinstocks starker Saft
   Kriegt täglich neue Stärk und Kraft
   In seinem schwachen Reise.

7. Der Weizen wächset mit Gewalt,
   Darüber jauchzet jung und alt,
   Und rühmt die große Güte
   Des, der so überflüssig labt
   Und mit so manchem Gut begabt
   Das menschliche Gemüte.

8. Ich selbsten kann und mag nicht ruhn,
   Des großen Gottes großes Tun
   Erweckt mir alle Sinnen:
   Ich singe mit, wenn alles singt,
   Und lasse, was dem Höchsten klingt,
   Aus meinem Herzen rinnen.

9. Ach, denk ich, bist du hie so schön,
   Und lässt du's uns so lieblich gehn
   Auf dieser armen Erden,
   Was will doch wohl nach dieser Welt

Dort in dem reichen Himmelszelt
Und güldnem Schlosse werden?

10. Welch hohe Lust, welch heller Schein
Wird wohl in Christi Garten sein?
Wie muss es da wohl klingen,
Da so viel tausend Seraphin
Mit eingestimmtem Mund und Stimm
Ihr Halleluja singen?

11. O wär ich da! o stünd ich schon,
Ach, süßer Gott! vor deinem Thron,
Und trüge meine Palmen!
So wollt ich nach der Engel Weis'
Erhöhen deines Namens Preis
Mit tausend schönen Psalmen.

12. Doch ich will gleichwohl, weil ich noch
Hier trage dieses Leibes Joch,
Auch nicht gar stille schweigen;
Mein Herze soll sich fort und fort
An diesem und an allem Ort
Zu deinem Lobe neigen.

13. Hilf nur und segne meinen Geist
Mit Segen, der vom Himmel fleußt,
Dass ich dir stetig blühe!
Gib, dass der Sommer deiner Gnad
In meiner Seelen früh und spat
Viel Glaubensfrücht erziehe.

14. Mach in mir deinem Geiste Raum,
    Dass ich dir werd ein guter Baum,
    Und lass mich wohl bekleiben:
    Verleihe, dass zu deinem Ruhm
    Ich deines Gartens schöne Blum
    Und Pflanze möge bleiben.

15. Erwähle mich zum Paradeis
    Und lass mich bis zur letzten Reis'
    An Leib und Seele grünen:
    So will ich dir und deiner Ehr
    Allein, und sonsten keinem mehr,
    Hier und dort ewig dienen.

Danklied für die Verkündigung des Friedens

Mel.: Nun lob, mein Seel, den Herren

1. Gottlob! nun ist erschollen
   Das edle Fried- und Freudenwort,
   Dass nunmehr ruhen sollen
   Die Spieß' und Schwerter und ihr Mord,
   Wohlauf! und nimm nun wieder
   Dein Saitenspiel hervor,
   O Deutschland! und sing Lieder
   Im hohen vollen Chor.
   Erhebe dein Gemüte
   Und danke Gott und sprich:
   Herr, deine Gnad und Güte
   Bleibt dennoch ewiglich!

2. Wir haben nichts verdienet
   Als schwere Straf und großen Zorn,
   Weil stets noch bei uns grünet
   Der freche schnöde Sündendorn.
   Wir sind fürwahr geschlagen
   Mit harter, scharfer Rut,
   Und dennoch muss man fragen:
   Wer ist, der Buße tut?
   Wir sind und bleiben böse,
   Gott ist und bleibet treu,
   Hilft, dass sich bei uns löse
   Der Krieg und sein Geschrei.

3. Sei tausendmal willkommen,
   Du teure, werte Friedensgab!
   Jetzt sehn wir, was für Frommen
   Dein Beiunswohnen in sich hab.
   In dich hat Gott versenket
   All unser Glück und Heil;
   Wer dich betrübt und kränket,
   Der drückt ihm selbst den Pfeil
   Des Herzleids in das Herze,
   Und löscht aus Unverstand,
   Die güldne Freudenkerze
   Mit seiner eignen Hand.

4. Das drückt uns niemand besser
   In unsre Seel und Herz hinein,
   Als ihr zerstörten Schlösser
   Und Städte voller Schutt und Stein;
   Ihr vormals schönen Felder,
   Mit frischer Saat bestreut,

Jetzt aber lauter Wälder
Und dürre, wüste Heid,
Ihr Gräber, voller Leichen
Und tapfrem Heldenschweiß
Der Helden, derer gleichen
Auf Erden man nicht weiß.

5. Hier trübe deine Sinnen,
O Mensch, und lass den Tränenbach
Aus beiden Augen rinnen!
Geh in dein Herz und denke nach!
Was Gott bisher gesendet,
Das hast du ausgelacht;
Nun hat Er sich gewendet,
Und väterlich bedacht,
Vom Grimm und scharfen Dringen
Zu deinem Heil zu ruhn:
Ob Er dich möchte zwingen
Mit Lieb und Gutestun.

6. Ach, lass dich doch erwecken!
Wach auf! wach auf! du harte Welt,
Eh als das letzte Schrecken
Dich schnell und plötzlich überfällt.
Wer aber Christum liebet,
Sei unerschrocknen Muts:
Der Friede, den Er gibet,
Bedeutet alles Guts.
Er will die Lehre geben:
Das Ende naht herzu,
Da sollt ihr bei Gott leben
In ewgem Fried und Ruh.

Der 30. Psalm Davids

Mel.: Aus meines Herzens Grunde

1. Ich preise dich und singe,
   Herr, deine Wundergnad,
   Die mir so große Dinge
   Bisher erwiesen hat.
   Denn das ist meine Pflicht:
   In meinem ganzen Leben
   Dir Lob und Dank zu geben,
   Mehr hab und kann ich nicht.

2. Du hast mein Herz erhöhet
   Aus mancher tiefen Not;
   Den aber, der da gehet
   Und suchet meinen Tod
   Und tut mir Herzleid an,
   Den hast du weggeschlagen,
   So, dass er meiner Plagen
   Sich nicht erfreuen kann.

3. Herr, mein Gott, da ich Kranker
   Vom Bette zu dir schrei,
   Da war dein Heil mein Anker,
   Und stund mir treulich bei;
   Da andre fuhren hin
   Zur finstern Todeshöhle,
   Da hieltst du meine Seele
   Und mich noch, wo ich bin.

4. Ihr Heiligen, lobsinget
   Und danket eurem Herrn,
   Der, wenn die Not herdringet,
   Bald hört, und herzlich gern
   Uns Gnad und Hilfe gibt;
   Rühmt den, des Hand uns träget
   Und, wenn Er uns ja schläget,
   Nicht allzu sehr betrübt.

5. Gott hat ja Vaterhände,
   Und strafet mit Geduld;
   Sein Zorn nimmt bald ein Ende,
   Sein Herz ist voller Huld,
   Und gönnt uns lauter Guts:
   Den Abend währt das Weinen,
   Des Morgens macht das Scheinen
   Der Sonn uns guten Muts.

6. Ich sprach zur guten Stunde,
   Da mir's noch wohl erging:
   Ich steh auf festem Grunde,
   Acht alles Kreuz gering;
   Ich werde nimmermehr,
   Das weiß ich, niederliegen,
   Denn Gott, der nicht kann trügen,
   Der liebt mich gar zu sehr.

7. Als aber dein Gesichte,
   Ach, Gott! sich von mir wandt,
   Da ward mein Trost zunichte,
   Da lag mein Heldenstand!
   Es ward mir angst und bang,

Ich führte schwere Klagen
Mit Zittern und mit Zagen:
Herr, mein Gott, wie so lang?

8. Hast du dir vorgenommen,
Mein ewger Feind zu sein?
Was werden dir denn frommen
Die ausgedorrten Bein'
Und der elende Staub,
Zu welchem in der Erden
Wir werden, wenn wir werden
Des blassen Todes Raub?

9. Solang ich's Leben habe,
Lobsing ich deiner Ehr,
Dort aber in dem Grabe
Gedenk ich dein nicht mehr:
Drum eil und hilf mir auf,
Und gib mir Kraft zum Leben,
Dafür will ich dir geben
Mein's ganzen Lebens Lauf.

10. Nun wohl, ich bin erhöret,
Mein Seufzen ist erfüllt.
Mein Kreuz ist umgekehret,
Mein Herzleid ist gestillt,
Mein Grämen hat ein End;
Es ist von meinem Herzen
Der bittern Sorgen Schmerzen
Durch dich, Herr, abgewendt.

11. Du hast mit mir gehandelt
    Noch besser, als ich will.
    Mein Klagen ist verwandelt
    In eines Reigens Spiel,
    Und für das Trauerkleid,
    In dem ich vor gestöhnet,
    Da hast du mich gekrönet
    Mit süßer Lust und Freud.

12. Auf dass zu deiner Ehre
    Mein' Ehre sich erhüb
    Und nimmer stille wäre,
    Bis dass ich deine Lieb
    Und ungezählte Zahl
    Der großen Wunderdinge
    Mit ewgen Freuden singe
    Im güldnen Himmelssaal.

Ich singe dir mit Herz und Mund

Mel.: Lobt Gott, ihr Christen, allzugleich

1. Ich singe dir mit Herz und Mund,
   Herr, meines Herzens Lust!
   Ich sing und mach auf Erden kund
   Was mir von dir bewusst.

2. Ich weiß, dass du der Brunn der Gnad
   Und ewge Quelle seist,

Daraus uns allen früh und spat
Viel Heil und Gutes fleußt.

3. Was sind wir doch, was haben wir
Auf dieser ganzen Erd,
Das uns, o Vater, nicht von dir
Allein gegeben werd?

4. Wer hat das schöne Himmelszelt
Hoch über uns gesetzt?
Wer ist es, der uns unser Feld
Mit Tau und Regen netzt?

5. Wer wärmet uns in Kält und Frost?
Wer schützt uns vor dem Wind?
Wer macht es, dass man Öl und Most
Zu seinen Zeiten findt?

6. Wer gibt uns Leben und Geblüt?
Wer hält mit seiner Hand
Den güldnen, edlen, werten Fried
In unserm Vaterland?

7. Ach, Herr, mein Gott! das kommt von dir,
Und du musst alles tun;
Du hältst die Wach an unsrer Tür
Und lässt uns sicher ruhn.

8. Du nährest uns von Jahr zu Jahr,
Bleibst immer fromm und treu,
Und stehst uns, wenn wir in Gefahr
Geraten, herzlich bei.

9. Du strafst uns Sünder mit Geduld
   Und schlägst nicht allzu sehr,
   Ja, endlich nimmst du unsre Schuld
   Und wirfst sie in das Meer.

10. Wenn unser Herze seufzt und schreit,
    Wirst du gar leicht erweicht,
    Und gibst uns, was uns hoch erfreut
    Und dir zu Ehren reicht.

11. Du zählst, wie oft ein Christe wein'
    Und was sein Kummer sei:
    Kein Zähr- und Tränlein ist so klein,
    Du hebst und legst es bei.

12. Du füllst des Lebens Mangel aus
    Mit dem, was ewig steht,
    Und führst uns in des Himmels Haus,
    Wenn uns die Erd entgeht.

13. Wohlauf, mein Herze, sing und spring,
    Und habe guten Mut!
    Dein Gott, der Ursprung aller Ding',
    Ist selbst und bleibt dein Gut.

14. Er ist dein Schatz, dein Erb und Teil,
    Dein Glanz und Freudenlicht,
    Dein Schirm und Schild, dein Hilf und Heil,
    Schafft Rat und lässt dich nicht.

15. Was kränkst du dich in deinem Sinn
    Und grämst dich Tag und Nacht?

Nimm deine Sorg und wirf sie hin
Auf den, der dich gemacht!

16. Hat Er dich nicht von Jugend auf
Versorget und ernährt?
Wie manchen schweren Unglückslauf
Hat Er zurückgekehrt!

17. Er hat noch niemals was versehn
In seinem Regiment;
Nein, was Er tut und lässt geschehn,
Das nimmt ein gutes End.

18. Ei nun, so lass ihn ferner tun
Und red ihm nichts darein,
So wirst du hier in Frieden ruhn
Und ewig fröhlich sein.

Nun danket alle Gott

Sirach 50, 24.
Mel.: Lobt Gott, ihr Christen, allzugleich

1. Nun danket all und bringet Ehr,
Ihr Menschen in der Welt,
Dem, dessen Lob der Engel Heer
Im Himmel stets vermeldt.

2. Ermuntert euch und singt mit Schall
Gott, unserm höchsten Gut,

Der seine Wunder überall
Und große Dinge tut.

3. Der uns von Mutterleibe an
Frisch und gesund erhält,
Und wo kein Mensch nicht helfen kann,
Sich selbst zum Helfer stellt.

4. Der, ob wir ihn gleich hoch betrübt,
Doch bleibet guten Muts,
Die Straf erlässt, die Schuld vergibt
Und tut uns alles Guts.

5. Er gebe uns ein fröhlich Herz,
Erfrische Geist und Sinn,
Und werf all Angst, Furcht, Sorg und Schmerz
Ins Meeres Tiefe hin.

6. Er lasse seinen Frieden ruhn
In Israelis Land,
Er gebe Glück zu unserm Tun
Und Heil in allem Stand.

7. Er lasse seine Lieb und Güt
Um, bei und mit uns gehn,
Was aber ängstet und bemüht,
Gar ferne von uns stehn.

8. Solange dieses Leben währt,
Sei Er stets unser Heil,
Und bleib' auch, wann wir von der Erd
Abscheiden, unser Teil.

9. Er drücke, wenn das Herze bricht,
Uns unsre Augen zu,
Und zeig' uns drauf sein Angesicht
Dort in der ewgen Ruh.

Sollt ich meinem Gott nicht singen?

In eigener Melodie

1. Sollt ich meinem Gott nicht singen,
Sollt ich ihm nicht fröhlich sein?
Denn ich seh in allen Dingen,
Wie so gut Er's mit mir mein'.
Ist doch nichts als lauter Lieben,
Das sein treues Herze regt,
Das ohn Ende hebt und trägt,
Die in seinem Dienst sich üben.
Alles Ding währt seine Zeit,
Gottes Lieb in Ewigkeit.

2. Wie ein Adler sein Gefieder
Über seine Jungen streckt,
Also hat auch hin und wieder
Mich des Höchsten Arm gedeckt,
Alsobald im Mutterleibe,
Da Er mir mein Wesen gab,
Und das Leben, das ich hab
Und noch diese Stunde treibe.
Alles Ding währt seine Zeit,
Gottes Lieb in Ewigkeit.

3. Sein Sohn ist ihm nicht zu teuer,
   Nein, Er gibt ihn für mich hin,
   Dass Er mich vom ewgen Feuer
   Durch sein teures Blut gewinn.
   O du ungegründter Brunnen!
   Wie will doch mein schwacher Geist,
   Ob er sich gleich hoch befleißt,
   Deine Tief ergründen können?
   Alles Ding währt seine Zeit,
   Gottes Lieb in Ewigkeit.

4. Seinen Geist, den edlen Führer,
   Gibt Er mir in seinem Wort,
   Dass Er werde mein Regierer
   Durch die Welt zur Himmelspfort,
   Dass Er mir mein Herz erfülle
   Mit dem hellen Glaubenslicht,
   Das des Todes Reich zerbricht
   Und die Hölle selbst macht stille.
   Alles Ding währt seine Zeit,
   Gottes Lieb in Ewigkeit.

5. Meiner Seelen Wohlergehen
   Hat Er ja recht wohl bedacht,
   Will dem Leibe Not zustehen,
   Nimmt Er's gleichfalls wohl in Acht.
   Wenn mein Können, mein Vermögen
   Nichts vermag, nichts helfen kann,
   Kommt mein Gott und hebt mir an
   Sein Vermögen beizulegen.
   Alles Ding währt seine Zeit,
   Gottes Lieb in Ewigkeit.

6. Himmel, Erd und ihre Heere
Hat Er mir zum Dienst bestellt:
Wo ich nur mein Aug hinkehre,
Find ich, was mich nährt und hält.
Tier und Kräuter und Getreide
In den Gründen, in der Höh,
In den Büschen, in der See,
Überall ist meine Weide.
Alles Ding währt seine Zeit,
Gottes Lieb in Ewigkeit.

7. Wenn ich schlafe, wacht sein Sorgen
Und ermuntert mein Gemüt,
Dass ich alle liebe Morgen
Schaue neue Lieb und Güt.
Wäre mein Gott nicht gewesen,
Hätte mich sein Angesicht
Nicht geleitet, wär ich nicht
Aus so mancher Angst genesen.
Alles Ding währt seine Zeit,
Gottes Lieb in Ewigkeit.

8. Wie so manche schwere Plage
Wird vom Satan 'rumgeführt,
Die mich doch mein Lebetage
Niemals noch bisher berührt;
Gottes Engel, den Er sendet,
Hat das Böse, was der Feind
Anzurichten ist gemeint,
In die Ferne weggewendet.
Alles Ding währt seine Zeit,
Gottes Lieb in Ewigkeit.

9. Wie ein Vater seinem Kinde
   Sein Herz niemals ganz entzeucht
   Ob es gleich bisweilen Sünde
   Tut und aus der Bahne weicht,
   Also hält auch mein Verbrechen
   Mir mein frommer Gott zugut,
   Will mein Fehlen mit der Rut
   Und nicht mit dem Schwerte rächen.
   Alles Ding währt seine Zeit,
   Gottes Lieb in Ewigkeit.

10. Seine Strafen, seine Schläge,
    Ob sie mir gleich bitter seind,
    Dennoch, wenn ich's recht erwäge,
    Sind es Zeichen, dass mein Freund,
    Der mich liebet, mein gedenke,
    Und mich von der schnöden Welt,
    Die uns hart gefangen hält,
    Durch das Kreuze zu ihm lenke.
    Alles Ding währt seine Zeit,
    Gottes Lieb in Ewigkeit.

11. Das weiß ich fürwahr und lasse
    Mir's nicht aus dem Sinne gehn:
    Christenkreuz hat seine Maße
    Und muss endlich stille stehn;
    Wenn der Winter ausgeschneiet,
    Tritt der schöne Sommer ein;
    Also wird auch nach der Pein,
    Wer's erwarten kann, erfreuet.
    Alles Ding währt seine Zeit,
    Gottes Lieb in Ewigkeit.

12. Weil denn weder Ziel noch Ende
Sich in Gottes Liebe findt,
Ei! so heb ich meine Hände
Zu dir, Vater, als ein Kind,
Bitte, wollst mir Gnade geben,
Dich aus aller meiner Macht
Zu umfangen Tag und Nacht,
Hier in meinem ganzen Leben,
Bis ich dich nach dieser Zeit
Lob und lieb in Ewigkeit.

Danklied für gute Leibesgesundheit

Mel.: Christus, der uns selig macht

1. Wer wohl auf ist und gesund,
Hebe sein Gemüte,
Und erhöhe seinen Mund
Zu des Höchsten Güte:
Lasst uns danken Tag und Nacht
Mit gesunden Liedern
Unserm Gott, der uns bedacht
Mit gesunden Gliedern!

2. Ein gesundes, frisches Blut
Hat ein fröhlichs Leben,
Gibt uns Gott dies einge Gut,
Ist uns gnug gegeben
Hier in dieser armen Welt,
Da die schönsten Gaben

Und des güldnen Himmels Zelt
Wir noch künftig haben.

3. Wär ich gleich wie Krösus reich,
Hätte Barschaft liegen,
Wär ich Alexandern gleich
An Triumph und Siegen,
Müsste gleichwohl siech und schwach
Pfühl und Betten drücken:
Würd auch mich in Ungemach
All mein Gut erquicken?

4. Stünde gleich mein ganzer Tisch
Voller Lust und Freude,
Hätt ich Wildpret, Wein und Fisch
Und die ganze Weide,
Die den Hals und Schmack ergötzt:
Wozu würd es nützen,
Wenn ich dennoch ausgesetzt
Müsst in Schmerzen sitzen?

5. Hätt ich aller Ehren Pracht,
Säß im höchsten Stande,
Wär ich mächtig aller Macht
Und ein Herr im Lande,
Mein Leib aber hätte doch
Auf- und angenommen
Der betrübten Krankheit Joch:
Was hätt ich für Frommen?

6. Ich erwähl ein Stücklein Brot,
Das mir wohl gedeihet,

Vor des roten Goldes Kot,
Da man Ach! bei schreiet.
Schmeckt mir Speis und Mahlzeit wohl,
Und darf mein nicht schonen,
Halt ich ein Gerichtlein Kohl
Höher als Melonen.

7. Samt und Purpur hilft mir nicht
Mein Elende tragen,
Wenn mich Hauptweh, Stein und Gicht
Und die Schwindsucht plagen:
Lieber will ich fröhlich gehn
Im geringen Kleide,
Als mit Leid und Ängsten stehn
In der schönsten Seide.

8. Sollt ich stumm und sprachlos sein
Oder lahm an Füßen,
Sollt ich nicht des Tages Schein
Sehen und genießen,
Sollt ich gehen spat und früh
Mit verschlossnen Ohren:
Wollt ich wünschen, dass ich nie
Wär ein Mensch geboren.

9. Lebt ich ohne Rat und Witz,
Wär im Haupt verwirret,
Hätte meiner Seelen Sitz,
Mein Herz, sich verirret,
Wäre mir mein Mut und Sinn
Niemals guter Dinge:

Wär es besser, dass ich hin,
Wo ich her bin, ginge.

10. Aber nun gebricht mir nichts
An erzählten Stücken:
Ich erfreue mich des Lichts
Und der Sonnen Blicken,
Mein Gesichte sieht sich um,
Mein Gehöre höret,
Wie der Vöglein süße Stimm
Ihren Schöpfer ehret.

11. Händ' und Füße, Herz und Geist
Sind bei guten Kräften;
Alle mein Vermögen fleußt
Und geht in Geschäften,
Die mein Herrscher hat gestellt
Hier in meinem Bleiben,
Alsolang es ihm gefällt,
In der Welt zu treiben.

12. Ist es Tag, so mach und tu
Ich, was mir gebühret.
Kommt die Nacht und süße Ruh,
Die zum Schlafen führet,
Schlaf und ruh ich unbewegt,
Bis die Sonne wieder
Mit den hellen Strahlen regt
Meine Augenlider.

13. Habe Dank, du milde Hand,
Die du aus dem Throne

Deines Himmels mir gesandt
Diese schöne Krone
Deiner Gnad und großen Huld,
Die ich all mein Tage
Niemals hab um dich verschuldt,
Und doch an mir trage!

14. Gib, solang ich bei mir hab
Ein lebendigs Hauchen,
Dass ich solche treue Gab
Auch wohl möge brauchen;
Hilf, dass mein gesunder Mund
Und erfreute Sinnen
Dir zu aller Zeit und Stund
Alles Liebs beginnen.

15. Halte mich bei Stärk und Kraft,
Wenn ich nun alt werde,
Bis mein Stündlein hin mich rafft
In das Grab und Erde.
Gib mir meine Lebenszeit
Ohne sondres Leiden,
Und dort in der Ewigkeit
Die vollkommnen Freuden.

Schutz Gottes in bisherigen gefährlichen Kriegszeiten

Mel.: Warum betrübst du dich, mein Herz

1. Wie ist so groß und schwer die Last,
   Die du uns aufgeleget hast,
   O aller Götter Gott!
   Gott, der du streng und eifrig bist
   Dem, der nicht fromm und heilig ist!

2. Die Last, die ist die Kriegesflut,
   So jetzt die Welt mit rotem Blut
   Und heißen Tränen füllt;
   Es ist das Feu'r, das hitzt und brennt,
   Soweit fast Sonn und Mond sich wendt.

3. Groß ist die Last, doch ist dabei
   Dein starker Schutz und Vatertreu
   Uns gar nicht unbekannt:
   Du strafst, und mitten in dem Leid
   Erzeigst du Lieb und Freundlichkeit.

4. Wir unsersteils sind dir verpflicht't
   Dafür, dass du dein Heil und Licht
   Uns niemals ganz versagt;
   Viel andern hast du abgelohnt,
   Uns hast du ja noch oft verschont.

5. Wie manchmal hat sich hier und dar
   Ein großes Wetter der Gefahr
   Um uns gezogen auf:

Dein' Hand, die Erd und Himmel trägt,
Hat Sturm und Wetter beigelegt.

6. Wie oftmals hat bei Tag und Nacht
Der Feinde List und große Macht
Uns, deine Herd', umringt:
Du aber, o du treuer Hirt!
Hast unsern Wolf zurückgeführt.

7. Viel unsrer Brüder sind geplagt,
Von Haus und Hof dazu verjagt,
Wir aber haben noch
Beim Weinstock und beim Feigenbaum
Ein jeder seinen Sitz und Raum.

8. Sieh an, mein Herz! wie Stadt und Land
An vielen Orten ist gewandt
Zum tiefsten Untergang;
Der Menschen Hütten sind verstört,
Die Gotteshäuser umgekehrt.

9. Bei uns ist ja noch Polizei,
Auch leisten wir noch ohne Scheu
Dem Herren seinen Dienst:
Man lehrt und hört ja fort und fort
Alltäglich bei uns Gottes Wort.

10. Wer dieses nun nicht will verstehn,
Lässt's in die Luft und Winde gehn,
Und bei so hellem Licht
Nicht Gottes Gnad und Güt erkennt,
Der ist fürwahr durchaus verblendt.

11. O frommer Gott, nimm von uns hin
    Solch Unvernunft, richt unsern Sinn,
    Dass wir zur Dankbarkeit
    Mit Lobgesang und süßem Ton
    Uns finden stets vor deinem Thron!

12. Nicht unserm Werk, nicht unserm Tun,
    Allein dir, dir, o Gnadenbrunn,
    Gebührt all Ehr und Ruhm!
    Wir haben Zorn und Tod verschuldt,
    Du zahlest uns mit Lieb und Huld.

13. Lass diese Lieb als deine Glut
    In uns entzünden Herz und Mut,
    Gib engelische Brunst,
    Dass alle unsre Äderlein
    Zu singen dir bereitet sein.

14. Lass auch einmal nach so viel Leid
    Uns wieder scheinen unsre Freud,
    Des Friedens Angesicht,
    Das mancher Mensch noch nie einmal
    Geschaut in diesem Jammertal.

15. Sind wir's nicht wert, so sieh doch an
    Die, so kein Unrecht je getan,
    Die kleinen Kinderlein:
    Soll'n sie denn in der Wiegen noch
    Mit tragen solches schweres Joch?

16. Erbarm dich, o barmherzigs Herz,
    So vieler Seufzer, die der Schmerz

Uns aus dem Herzen zwingt!
Du bist ja Gott und nicht ein Stein:
Wie kannst du denn so harte sein!

17. Wir sind an bösen Wunden krank,
Voll Eiter, Striemen, Kot und Stank,
Du, Herr, bist unser Arzt:
Geuß ein, geuß ein dein Gnadenöl,
So wird geheilet Leib und Seel.

18. Nun, du wirst's tun, das glauben wir,
Obgleich noch wenig scheinen für
Die Mittel in der Welt:
Wenn alle Mittel stille stehn,
Dann pflegt dein Helfen anzugehn.

KREUZ- UND TROSTLIEDER

*Befiehl dem Herrn deine Wege, und hoffe auf ihn,
Er wird's wohl machen*

Psalm 37, 5.
Mel.: Herzlich tut mich verlangen

1. Befiehl du deine Wege
   Und was dein Herze kränkt,
   Der allertreusten Pflege
   Des, der den Himmel lenkt:
   Der Wolken, Luft und Winden
   Gibt Wege, Lauf und Bahn,
   Der wird auch Wege finden,
   Da dein Fuß gehen kann.

2. Dem Herren musst du trauen,
   Wenn dir's soll wohlergehn;
   Auf sein Werk musst du schauen,
   Wenn dein Werk soll bestehn.
   Mit Sorgen und mit Grämen
   Und mit selbsteigner Pein
   Lässt Gott ihm gar nichts nehmen,
   Es muss erbeten sein.

3. Dein' ewge Treu und Gnade,
   O Vater! weiß und sieht,
   Was gut sei oder schade
   Dem sterblichen Geblüt;
   Und was du dann erlesen,
   Das treibst du, starker Held,
   Und bringst zum Stand und Wesen,
   Was deinem Rat gefällt.

4. Weg' hast du allerwegen,
   An Mitteln fehlt's dir nicht;
   Dein Tun ist lauter Segen,
   Dein Gang ist lauter Licht;
   Dein Werk kann niemand hindern,
   Dein' Arbeit darf nicht ruhn,
   Wenn du, was deinen Kindern
   Ersprießlich ist, willst tun.

5. Und ob gleich alle Teufel
   Hier wollten widerstehn,
   So wird doch ohne Zweifel
   Gott nicht zurücke gehn:
   Was Er ihm vorgenommen,
   Und was Er haben will,
   Das muss doch endlich kommen
   Zu seinem Zweck und Ziel.

6. Hoff, o du arme Seele,
   Hoff und sei unverzagt!
   Gott wird dich aus der Höhle,
   Da dich der Kummer jagt,
   Mit großen Gnaden rücken,

       Erwarte nur die Zeit,
       So wirst du schon erblicken
       Die Sonn der schönsten Freud.

7. Auf, auf! gib deinem Schmerze
    Und Sorgen gute Nacht!
    Lass fahren, was dein Herze
    Betrübt und traurig macht!
    Bist du doch nicht Regente,
    Der alles führen soll:
    Gott sitzt im Regimente,
    Und führet alles wohl.

8. Ihn, ihn lass tun und walten,
    Er ist ein weiser Fürst,
    Und wird sich so verhalten,
    Dass du dich wundern wirst,
    Wenn Er, wie ihm gebühret,
    Mit wunderbarem Rat
    Die Sach hinaus geführet,
    Die dich bekümmert hat.

9. Er wird zwar eine Weile
    Mit seinem Trost verziehn,
    Und tun an seinem Teile,
    Als hätt in seinem Sinn
    Er deiner sich begeben,
    Und sollt'st du für und für
    In Angst und Nöten schweben,
    Als frag' er nichts nach dir.

10. Wird's aber sich befinden,
Dass du ihm treu verbleibst,
So wird Er dich entbinden,
Da du's am wen'gsten gläubst.
Er wird dein Herze lösen
Von der so schweren Last,
Die du zu keinem Bösen
Bisher getragen hast.

11. Wohl dir, du Kind der Treue!
Du hast und trägst davon
Mit Ruhm und Dankgeschreie
Den Sieg und Ehrenkron.
Gott gibt dir selbst die Palmen
In deine rechte Hand,
Und du singst Freudenpsalmen
Dem, der dein Leid gewandt.

12. Mach End, o Herr, mach Ende,
An aller unsrer Not!
Stärk unsre Füß und Hände,
Und lass bis in den Tod
Uns allzeit deiner Pflege
Und Treu empfohlen sein,
So gehen unsre Wege
Gewiss zum Himmel ein.

Gib dich zufrieden

In eigener Melodie

1. Gib dich zufrieden und sei stille
   In dem Gotte deines Lebens.
   In ihm ruht aller Freuden Fülle,
   Ohn ihn mühst du dich vergebens.
   Er ist dein Quell
   Und deine Sonne,
   Scheint täglich hell
   Zu deiner Wonne:
   Gib dich zufrieden.

2. Er ist voll Lichtes, Trost und Gnaden,
   Ungefärbten, treuen Herzens.
   Wo Er steht, tut dir kein Schaden
   Auch die Pein des größten Schmerzens,
   Kreuz, Angst und Not
   Kann Er bald wenden,
   Ja, auch den Tod
   Hat Er in Händen:
   Gib dich zufrieden.

3. Wie dir's und andern oft ergehe,
   Ist ihm wahrlich nicht verborgen:
   Er sieht und kennet aus der Höhe
   Der betrübten Herzen Sorgen,
   Er zählt den Lauf
   Der heißen Tränen
   Und saht zu Hauf

All unser Sehnen:
Gib dich zufrieden.

4. Wenn gar kein Einz'ger mehr auf Erden,
Dessen Treue du darfst trauen.
Alsdann will Er dein Treuster werden,
Und zu deinem Besten schauen;
Er weiß dein Leid
Und heimlich Grämen,
Auch weiß Er Zeit,
Dir's zu benehmen:
Gib dich zufrieden.

5. Er hört die Seufzer deiner Seelen
Und des Herzens stilles Klagen,
Und was du keinem darfst erzählen,
Magst du Gott gar kühnlich sagen:
Er ist nicht fern,
Steht in der Mitten,
Hört bald und gern
Der Armen Bitten:
Gib dich zufrieden.

6. Lass dich dein Elend nicht bezwingen,
Halt an Gott, so wirst du siegen:
Ob alle Fluten einhergingen,
Dennoch musst du oben liegen.
Denn wenn du wirst
Zu hoch beschweret,
Hat Gott, dein Fürst,
Dich schon erhöret:
Gib dich zufrieden.

7. Was sorgst du für dein armes Leben,
   Wie du's halten wollst und nähren?
   Der dir das Leben hat gegeben,
   Wird auch Unterhalt bescheren.
   Er hat ein' Hand
   Voll aller Gaben,
   Da See und Land
   Sich muss von laben:
   Gib dich zufrieden.

8. Der allen Vöglein in den Wäldern
   Ihr bescheidnes Körnlein weiset.
   Der Schaf' und Rinder in den Feldern
   Alle Tage tränkt und speiset,
   Der wird ja auch
   Dich ein'gen füllen,
   Und deinen Bauch
   Zur Notdurft stillen:
   Gib dich zufrieden.

9. Sprich nicht: Ich sehe keine Mittel,
   Wo ich such, ist nichts zum Besten;
   Denn das ist Gottes Ehrentitel,
   Helfen, wenn die Not am größten.
   Wenn ich und du
   Ihn nicht mehr spüren,
   Da schickt Er zu,
   Uns wohl zu führen:
   Gib dich zufrieden.

10. Bleibt gleich die Hilf in etwas lange,
    Wird sie dennoch endlich kommen,

Macht dir das Harren Angst und Bange,
Glaube mir, es ist dein Frommen.
Was langsam schleicht,
Fasst man gewisser,
Und was verzeucht,
Ist desto süßer!
Gib dich zufrieden.

11. Nimm nicht zu Herzen, was die Rotten
Deiner Feinde von dir dichten:
Lass sie nur immer weidlich spotten,
Gott wird's hören und recht richten.
Ist Gott dein Freund
Und deiner Sachen,
Was kann dein Feind,
Der Mensch, groß machen?
Gib dich zufrieden.

12. Hat Er doch selbst auch wohl das Seine,
Wenn Er's sehen könnt und wollte:
Wo ist ein Glück so klar und reine,
Dem nicht etwas fehlen sollte?
Wo ist ein Haus,
Das könnte sagen:
Ich weiß durchaus
Von keinen Plagen!
Gib dich zufrieden.

13. Es kann und mag nicht anders werden,
Alle Menschen müssen leiden.
Was webt und lebet auf der Erden,
Kann das Unglück nicht vermeiden.

Des Kreuzes Stab
Schlägt unsre Lenden
Bis in das Grab,
Da wird sich's enden:
Gib dich zufrieden.

14. Es ist ein Ruhetag vorhanden,
　　Da uns unser Gott wird lösen;
　　Er wird uns reißen aus den Banden
　　Dieses Leibs und allem Bösen.
　　Es wird einmal
　　Der Tod herspringen,
　　Und aus der Qual
　　Uns sämtlich bringen:
　　Gib dich zufrieden.

15. Er wird uns bringen zu den Scharen
　　Der Erwählten und Getreuen,
　　Die hier mit Frieden abgefahren,
　　Sich auch nun in Friede freuen,
　　Da sie den Grund,
　　Der nicht kann brechen,
　　Den ewgen Mund
　　Selbst hören sprechen:
　　Gib dich zufrieden.

Der 85. Psalm Davids

In Kriegszeiten
Mel.: Wär' Gott nicht mit uns diese Zeit

1. Herr, der du vormals hast dein Land
   Mit Gnaden angeblicket,
   Und des gefangnen Jakobs Band
   Gelöst und ihn erquicket,
   Der du die Sünd und Missetat,
   Die dein Volk vor begangen hat,
   Hast väterlich verziehen.

2. Herr, der du deines Eifers Glut
   Zuvor oft abgewendet,
   Und nach dem Zorn das süße Gut
   Der Lieb und Huld gesendet:
   Ach, frommes Herz, ach, unser Heil!
   Nimm weg und heb auf in der Eil,
   Was uns anjetzo kränket.

3. Lösch aus, Herr, deinen großen Grimm,
   Im Brunnen deiner Gnaden!
   Erfreu und tröst uns wiederum
   Nach ausgestandnem Schaden!
   Willst du denn zürnen ewiglich,
   Und sollen deine Fluten sich
   Ohn alles End ergießen?

4. Willst du, o Vater, uns denn nicht
   Nun einmal wieder laben?
   Und sollen wir an deinem Licht
   Nicht wieder Freude haben?
   Ach! geuß aus deines Himmels Haus,
   Herr, deine Güt und Segen aus
   Auf uns und unsre Häuser.

5. Ach, dass ich hören soll das Wort
   Erschallen bald auf Erden,
   Dass Friede sollt an allem Ort,
   Wo Christen wohnen, werden!
   Ach, dass uns Gott doch sagte zu
   Des Krieges Schluss, der Waffen Ruh,
   Und alles Unglücks Ende!

6. Ach, dass doch diese böse Zeit
   Sich stillt' in guten Tagen,
   Damit wir in dem großen Leid
   Nicht möchten ganz verzagen!
   Doch ist ja Gottes Hilfe nah,
   Und seine Gnade stehet da
   All denen, die ihn fürchten.

7. Wenn wir nur fromm sind, wird sich Gott
   Schon wieder zu uns wenden,
   Den Krieg und alle andre Not
   Nach Wunsch und also enden,
   Dass seine Ehr in unserm Land
   Und überall recht werd erkannt,
   Ja, stetig bei uns wohne.

8. Die Güt und Treue werden schön
   Einander grüßen müssen,
   Gerechtigkeit wird einhergehn,
   Und Friede wird sie küssen.
   Die Treue wird mit Lust und Freud
   Auf Erden blühn, Gerechtigkeit
   Wird von dem Himmel schauen.

9. Der Herr wird uns viel Gutes tun,
   Das Land wird Früchte geben,
   Und die in seinem Schoße ruhn,
   Die werden davon leben;
   Gerechtigkeit wird dennoch stehn
   Und stets in vollem Schwange gehn
   Zur Ehre seines Namens.

Christliches Trost- und Freudenlied

Röm. 8.
Mel.: Herzlich tut mich verlangen

1. Ist Gott für mich, so trete
   Gleich alles wider mich.
   So oft ich ruf und bete,
   Weicht alles hinter sich.
   Hab ich das Haupt zum Freunde
   Und bin geliebt bei Gott,
   Was kann mir tun der Feinde
   Und Widersacher Rott?

2. Nun weiß und glaub ich feste,
   Ich rühm's auch ohne Scheu,
   Dass Gott der Höchst' und Beste,
   Mein Freund und Vater sei,
   Und dass in allen Fällen
   Er mir zur Rechten steh,
   Und dämpfe Sturm und Wellen
   Und was mir bringet Weh.

3. Der Grund, da ich mich gründe,
   Ist Christus und sein Blut:
   Das machet, dass ich finde
   Das ewge wahre Gut.
   An mir und meinem Leben
   Ist nichts auf dieser Erd:
   Was Christus mir gegeben,
   Das ist der Liebe wert.

4. Mein Jesus ist mein' Ehre,
   Mein Glanz und helles Licht.
   Wenn der nicht in mir wäre,
   So dürft und könnt ich nicht
   Vor Gottes Auge stehen
   Und vor dem strengen Sitz:
   Ich müsste stracks vergehen,
   Wie Wachs in Feuershitz.

5. Mein Jesus hat gelöschet,
   Was mit sich führt den Tod;
   Der ist's, der mich reinwaschet,
   Macht schneeweiß, was ist rot.
   In ihm kann ich mich freuen,

Hab einen Heldenmut,
Darf kein Gerichte scheuen,
Wie sonst ein Sünder tut.

6. Nichts, nichts kann mich verdammen,
Nichts nimmet mir mein Herz;
Die Höll und ihre Flammen,
Die sind mir nur ein Scherz.
Kein Urteil mich erschrecket,
Kein Unheil mich betrübt,
Weil mich mit Flügeln decket
Mein Heiland, der mich liebt.

7. Sein Geist wohnt mir im Herzen,
Regieret meinen Sinn,
Vertreibt mir Sorg und Schmerzen,
Nimmt allen Kummer hin,
Gibt Segen und Gedeihen
Dem, was Er in mir schafft,
Hilft mir das Abba schreien
Aus aller meiner Kraft.

8. Und wenn an meinem Orte
Sich Furcht und Schwachheit findt,
So seufzt und spricht Er Worte,
Die unaussprechlich sind
Mir zwar und meinem Munde,
Gott aber wohl bewusst,
Der an des Herzens Grunde
Erstehet seine Lust.

9. Sein Geist spricht meinem Geiste
   Manch süßes Trostwort zu,
   Wie Gott dem Hilfe leiste,
   Der bei ihm suchet Ruh;
   Und wie Er hab erbauet
   Ein' edle, neue Stadt,
   Da Aug und Herze schauet,
   Was es geglaubet hat.

10. Da ist mein Teil, mein Erbe
    Mir prächtig zugericht't.
    Wenn ich gleich fall und sterbe,
    Fällt doch mein Himmel nicht.
    Muss ich auch gleich hier feuchten
    Mit Tränen meine Zeit,
    Mein Jesus und sein Leuchten
    Durchsüßet alles Leid.

11. Wer sich mit dem verbindet,
    Den Satan fleucht und hasst,
    Der wird verfolgt und findet
    Ein' harte, schwere Last
    Zu leiden und zu tragen,
    Gerät in Hohn und Spott;
    Das Kreuz und alle Plagen,
    Die sind sein täglich Brot.

12. Das ist mir nicht verborgen,
    Doch bin ich unverzagt:
    Dich will ich lassen sorgen,
    Dem ich mich zugesagt;
    Es koste Leib und Leben

Und alles, was ich hab,
An dir will ich fest kleben,
Und nimmer lassen ab.

13. Die Welt, die mag zerbrechen,
Du stehst mir ewiglich.
Kein Brennen, Hauen, Stechen,
Soll trennen mich und dich:
Kein Hunger und kein Dürsten,
Kein' Armut, keine Pein,
Kein Zorn der großen Fürsten
Soll mir ein' Hindrung sein.

14. Kein Engel, keine Freuden,
Kein Thron, kein' Herrlichkeit,
Kein Lieben und kein Leiden,
Kein' Angst, kein Herzeleid:
Was man nur kann erdenken,
Es sei klein oder groß,
Der keines soll mich lenken
Aus deinem Arm und Schoß.

15. Mein Herze geht in Sprüngen
Und kann nicht traurig sein,
Ist voller Freud und Singen,
Sieht lauter Sonnenschein:
Die Sonne, die mir lachet,
Ist mein Herr Jesus Christ,
Das, was mich singend machet,
Ist, was im Himmel ist.

Christliche Zufriedenheit

In eigener Melodie

1. Nicht so traurig, nicht so sehr,
   Meine Seele, sei betrübt,
   Dass dir Gott Glück, Gut und Ehr
   Nicht so viel, wie andern, gibt:
   Nimm vorlieb mit deinem Gott,
   Hast du Gott, so hat's nicht Not.

2. Du noch einzig Menschenkind
   Hast ein Recht in dieser Welt:
   Alle, die geschaffen sind,
   Sind nur Gast im fremden Zelt.
   Gott ist Herr in seinem Haus,
   Wie Er will, so teilt Er aus.

3. Bist du doch darum nicht hier,
   Dass du Erden haben sollt!
   Schau den Himmel über dir,
   Da, da ist dein edles Gold,
   Da ist Ehre, da ist Freud,
   Freud ohn End, Ehr ohne Neid.

4. Der ist albern, der sich kränkt
   Um ein' Handvoll Eitelkeit,
   Wenn ihm Gott dagegen schenkt
   Schätze der bestand'gen Zeit:
   Bleibt der Zentner dein Gewinn,
   Fahr der Heller immer hin.

5. Schaue alle Güter an,
   Die dein Herz für Güter hält;
   Keines mit dir gehen kann,
   Wann du gehest aus der Welt;
   Alles bleibet hinter dir,
   Wann du trittst ins Grabes Tür.

6. Aber was die Seele nährt,
   Gottes Huld und Christi Blut,
   Wird von keiner Zeit verzehrt,
   Ist und bleibet allzeit gut:
   Erdengut zerfällt und bricht,
   Seelengut, das schwindet nicht.

7. Ach, wie bist du doch so blind,
   Und im Denken unbedacht!
   Augen hast du, Menschenkind,
   Und hast doch noch nie betracht't
   Deiner Augen helles Glas:
   Siehe, welch ein Schatz ist das!

8. Zähle deine Finger her,
   Und der andern Glieder Zahl:
   Keins ist, das dir unwert wär,
   Ehrst und liebst sie allzumal,
   Keines gäbst du weg um Gold,
   Wenn man dir's abnehmen wollt.

9. Nun, so gehe in den Grund
   Deines Herzens, das dich lehrt,
   Wieviel Gutes alle Stund
   Dir von oben wird beschert:

Du hast mehr denn Sand am Meer,
Und willst doch noch immer mehr.

10. Wüsste der im Himmel lebt,
Dass dir wäre nütz und gut,
Wonach so begierlich strebt
Dein verblendtes Fleisch und Blut,
Würde seine Frömmigkeit
Dich nicht lassen unerfreut.

11. Gott ist deiner Liebe voll,
Und von ganzem Herzen treu.
Wenn du wünschest, prüft Er wohl,
Wie dein Wunsch beschaffen sei:
Ist dir's gut, so geht Er's ein,
Ist's dein Schade, spricht Er Nein.

12. Unterdessen trägt sein Geist
Dir in deines Herzens Haus
Manna, das die Engel speist,
Ziert und schmückt es herrlich aus.
Ja, Er wählet, dir zum Heil,
Dich zu seinem Gut und Teil.

13. Ei, so richte dich empor,
Du betrübtes Angesicht!
Lass das Seufzen, nimm hervor
Deines Glaubens Freudenlicht!
Das behalt, wenn dich die Nacht
Deines Kummers traurig macht.

14. Setze, als ein Himmelssohn,
    Deinem Willen Maß und Ziel;
    Rühre stets vor Gottes Thron
    Deines Dankens Saitenspiel,
    Weil dir schon gegeben ist,
    Mehres, als du würdig bist.

15. Führe deines Lebens Lauf
    Allzeit Gottes eingedenk.
    Wie es kommt, nimm alles auf
    Als ein wohlbedacht Geschenk;
    Geht dir's widrig, lass es gehn,
    Gott und Himmel bleibt dir stehn.

Trostgesang in Schwermut und Anfechtung

Mel.: Christus, der uns selig macht

1. Schwing dich auf zu deinem Gott,
   Du betrübte Seele!
   Warum liegst du Gott zum Spott
   In der Schwermutshöhle?
   Merkst du nicht des Satans List?
   Er will durch sein Kämpfen
   Deinen Trost, den Jesus Christ
   Dir erworben, dämpfen.

2. Schüttle deinen Kopf und sprich:
   Fleuch, du alte Schlange,
   Was erneu'rst du deinen Stich,

Machst mir Angst und Bange?
   Ist dir doch der Kopf zerknickt,
   Und ich bin durchs Leiden
   Meines Heilands dir entrückt
   In den Saal der Freuden.

3. Wirfst du mir mein Sünd'gen für?
   Wo hat Gott befohlen,
   Dass mein Urteil über mir
   Ich bei dir soll holen?
   Wer hat dir die Macht geschenkt,
   Andre zu verdammen?
   Der du selbst doch liegst versenkt
   In der Höllen Flammen.

4. Hab ich was nicht recht getan,
   Ist mir's leid von Herzen,
   Dahingegen nehm ich an
   Christi Blut und Schmerzen.
   Denn das ist die Ranzion
   Meiner Missetaten;
   Bring ich dies vor Gottes Thron,
   Ist mir wohl geraten.

5. Christi Unschuld ist mein Ruhm,
   Sein Recht meine Krone,
   Sein Verdienst mein Eigentum,
   Da ich frei in wohne
   Als in einem festen Schloss,
   Das kein Feind kann fällen,
   Brächt er gleich davor Geschoss
   Und Gewalt der Höllen.

6. Stürme, Teufel, und du Tod!
   Was könnt ihr mir schaden?
   Deckt mich doch in meiner Not
   Gott mit seiner Gnaden;
   Der Gott, der mir seinen Sohn
   Selbst verehrt aus Liebe,
   Dass der ewge Spott und Hohn
   Mich nicht dort betrübe.

7. Schreie, tolle Welt, es sei
   Mir Gott nicht gewogen,
   Es sei lauter Täuscherei,
   Und im Grund erlogen:
   Wäre mir Gott gram und feind,
   Würd Er seine Gaben,
   Die mein eigen worden seind,
   Wohl behalten haben.

8. Denn was ist im Himmelszelt,
   Was im tiefen Meere,
   Was ist Gutes in der Welt,
   Das nicht mir gut wäre?
   Weme brennt das Sternenlicht?
   Wozu ist gegeben
   Luft und Wasser? Dient es nicht
   Mir und meinem Leben?

9. Weme wird das Erdreich nass
   Von dem Tau und Regen?
   Weme grünet Laub und Gras?
   Weme füllt der Segen
   Berg und Tale, Feld und Wald?

Wahrlich, mir zur Freude,
Dass ich meinen Aufenthalt
Hab und Leibesweide.

10. Meine Seele lebt in mir
Durch die süßen Lehren,
So die Christen mit Begier
Alle Tage hören.
Gott eröffnet früh und spat
Meinen Geist und Sinnen,
Dass sie seines Geistes Gnad
In sich ziehen können.

11. Was sind der Propheten Wort
Und Apostel Schreiben,
Als ein Licht am dunkeln Ort,
Fackeln, die vertreiben
Meines Herzens Finsternis,
Und in Glaubenssachen
Das Gewissen fein gewiss
Und recht grundfest machen.

12. Nun, auf diesen heilgen Grund
Bau ich mein Gemüte,
Sehe, wie der Höllenhund
Zwar dawider wüte,
Gleichwohl muss er lassen stehn,
Was Gott aufgerichtet,
Aber schändlich muss vergehn,
Was er selber dichtet.

13. Ich bin Gottes, Gott ist mein;
    Wer ist, der uns scheide?
    Dringt das liebe Kreuz herein
    Mit dem bittern Leide,
    Lass es dringen, kommt es doch
    Von geliebten Händen,
    Bricht und kriegt geschwind ein Loch,
    Wenn es Gott will wenden.

14. Kinder, die der Vater soll
    Ziehn zu allem Guten,
    Die gedeihen selten wohl
    Ohne Zucht und Ruten;
    Bin ich denn nun Gottes Kind,
    Warum will ich fliehen,
    Wenn Er mich von meiner Sünd
    Auf was Guts will ziehen?

15. Es ist herzlich gut gemeint
    Mit der Christen Plagen.
    Wer hier zeitlich wohl geweint,
    Darf nicht ewig klagen,
    Sondern hat vollkommen Lust
    Dort in Christi Garten,
    Dem er einig recht bewusst,
    Endlich zu gewarten.

16. Gottes Kinder säen zwar
    Traurig und mit Tränen,
    Aber endlich bringt das Jahr,
    Wonach sie sich sehnen.
    Denn es kommt die Erntezeit,

Da sie Garben machen,
Da wird all ihr Gram und Leid
Lauter Freud und Lachen.

17. Ei, so fass, o Christenherz,
Alle deine Schmerzen!
Wirf sie fröhlich hinterwärts,
Lass des Trostes Kerzen
Dich entzünden mehr und mehr!
Gib dem großen Namen
Deines Gottes Preis und Ehr,
Er wird helfen! Amen.

Christliches Freudenlied

In eigener Melodie

1. Warum sollt ich mich denn grämen?
Hab ich doch
Christum noch,
Wer will mir den nehmen?
Wer will mir den Himmel rauben,
Den mir schon
Gottes Sohn
Beigelegt im Glauben?

2. Nackend lag ich auf dem Boden,
Da ich kam,
Da ich nahm
Meinen ersten Odem:

Nackend werd ich auch hinziehen,
Wenn ich werd
Von der Erd
Als ein Schatten fliehen.

3. Gut und Blut, Leib, Seel und Leben
Ist nicht mein,
Gott allein
Ist es, der's gegeben:
Will Er's wieder zu sich kehren,
Nehm Er's hin,
Ich will ihn
Dennoch fröhlich ehren.

4. Schickt Er mir ein Kreuz zu tragen,
Dringt herein
Angst und Pein,
Sollt ich drum verzagen?
Der es schickt, der wird es wenden,
Er weiß wohl,
Wie Er soll
All mein Unglück enden.

5. Gott hat mich bei guten Tagen
Oft ergötzt,
Soll ich jetzt
Auch nicht etwas tragen?
Fromm ist Gott und schärft mit Maßen
Sein Gericht,
Kann mich nicht
Ganz und gar verlassen.

6. Satan, Welt und ihre Rotten
   Können mir
   Nichts mehr hier
   Tun, als meiner spotten.
   Lass sie spotten, lass sie lachen;
   Gott mein Heil
   Wird in Eil
   Sie zuschanden machen.

7. Unverzagt und ohne Grauen
   Soll ein Christ,
   Wo er ist,
   Stets sich lassen schauen:
   Wollt ihn auch der Tod aufreiben,
   Soll der Mut
   Dennoch gut
   Und fein stille bleiben.

8. Kann uns doch kein Tod nicht töten,
   Sondern reißt
   Unsern Geist
   Aus viel tausend Nöten,
   Schleußt das Tor der bittern Leiden,
   Und macht Bahn,
   Da man kann
   Gehn zur Himmelsfreuden.

9. Allda will in süßen Schätzen
   Ich mein Herz
   Auf den Schmerz
   Ewiglich ergötzen.
   Hier ist kein recht Gut zu finden;

Was die Welt
In sich hält
Muss im Nu verschwinden.

10. Was sind dieses Lebens Güter?
Eine Hand
Voller Sand,
Kummer der Gemüter.
Dort, dort sind die edlen Gaben,
Da mein Hirt,
Christus, wird
Mich ohn Ende laben.

11. Herr, mein Hirt, Brunn aller Freuden,
Du bist mein,
Ich bin dein,
Niemand kann uns scheiden.
Ich bin dein, weil du dein Leben
Und dein Blut
Mir zugut
In den Tod gegeben.

12. Du bist mein, weil ich dich fasse,
Und dich nicht,
O mein Licht,
Aus dem Herzen lasse.
Lass mich, lass mich hingelangen,
Da du mich
Und ich dich
Leiblich werd umfangen.

Der 91. Psalm Davids

Mel.: An Wasserflüssen Babylon

1. Wer unterm Schirm des Höchsten sitzt,
   Der ist sehr wohl bedecket;
   Wenn alles donnert, kracht und blitzt,
   Bleibt sein Herz ungeschrecket.
   Er spricht zum Herrn: Du bist mein Licht,
   Mein' Hoffnung, meine Zuversicht,
   Mein Turm und starke Feste.
   Du rettest mich vons Jägers Strick,
   Und treibst des Todes Netz zurück,
   Und schützest mich aufs beste.

2. Frisch auf, mein Herz! Gott stärket dich
   Mit Kraft auf allen Seiten.
   Schau her, wie seine Flügel sich
   Ganz über dich ausbreiten!
   Sein Schirm umfängt und deckt mich gar,
   Sein Schild fängt auf, was hier und dar,
   Von Pfeilen fleucht und tobet:
   Der Schild ist Gottes wahres Wort,
   Der Schirm ist, was der starke Hort
   Versprochen und gelobet.

3. Wenn dich die schwarze Nacht umgibt,
   Kannst du fein sicher schlafen;
   Des Tages bleibst du unbetrübt
   Von deines Feindes Waffen.
   Die Peste, die im Finstern schleicht

Und des Mittages umherkreucht,
Wird von dir abgeführet.
Und wenn gleich tausend fallen hier,
Und zehentausend hart bei dir,
Bleibst du doch unberühret.

4. Hingegen wirst du Lust und Freud
An deinen Feinden sehen,
Wenn ihnen alles Herzeleid
Vom Höchsten wird geschehen:
Wer Gott verlässt, wird wiederum
Verlassen und mit großem Grimm
Zu seiner Zeit geschlagen,
Du aber, der du bleibst bei Gott,
Findst Gnad und darfst in keiner Not
Ohn Heil und Trost verzagen.

5. Kein Übels wird zu deiner Hütt
Eingehn und dir begegnen.
Gott wird all deine Tritt und Schritt
Auf deinen Wegen segnen;
Denn Er hat seiner Engelschar
Befohlen, dass sie vor Gefahr
Dich gar genau bewahren,
Dass dein Fuß möge sicher sein,
Und nicht vielleicht an einen Stein
Zu deinem Schaden fahren.

6. Du wirst auf wilden Leuen stehn,
Und treten auf die Drachen:
Du wirst ihr Gift und scharfe Zähn
In deinem Sinn verlachen:

>   Das macht's, dass Gott will bei dir sein,
>   Der spricht: Mein Knecht begehret mein,
>   So will ich ihm beispringen!
>   Er kennet meines Namens Zier,
>   Drum will ich ihm auch nach Begier
>   Mein Hilf und Rettung bringen.

7. Er ruft mich an, so will ich ihn
   Ganz gnädiglich erhören;
   Wenn sein Feind auf ihn aus will ziehn,
   So will ich stehn und wehren.
   Ich will ihn reißen aus dem Tod,
   Ich will ihn nach erlittner Not,
   Mit großer Ehr ergötzen;
   Ich will ihn machen lebenssatt,
   Und wenn er gnug gelebet hat,
   Ins ewge Heil versetzen.

Der 13. Psalm Davids

Mel.: Ein' feste Burg ist unser Gott

1. Wie lang, o Herr! wie lange soll
   Dein Herze mein vergessen?
   Wie lange soll ich jammersvoll
   Mein Brot mit Tränen essen?
   Wie lange willst du nicht
   Mir dein Angesicht
   Zu schauen reichen dar?

Willst du denn ganz und gar
Dich nun vor mir verbergen?

2. Wie lange soll die Trauerhöhl
In Sorgen ich besitzen?
Wie lange soll mein' arme Seel
In diesem Bade schwitzen?
Soll ich denn alle Tag
Immer lauter Plag,
Die Welt im Gegenteil
Nur lauter Glück und Heil
Nach ihrem Wunsche haben?

3. Ach! schaue doch von deinem Saal
Und siehe, wie ich leide!
Mein Herzensweh und große Qual
Ist meines Feindes Freude.
Herr, mein getreuer Hort,
Hör an meine Wort',
Die ich, durch Trübsal hier
Gepresset, schütt herfür,
Lass dein Gemüt erweichen!

4. Erleuchte meiner Augen Licht
Mit deinem Gnadenwinke,
Damit ich in dem Tode nicht
Entschlafe, noch versinke.
Gib, dass die böse Rott
Nicht treib ihren Spott
Aus mir und meinem Fall,
Als hätt ich überall
Verspielet und verloren.

5. Ich steh und hoffe steif und fest
   Darauf, dass du die Deinen
   Nicht endlich untergehen lässt,
   Kannst's auch nicht böse meinen.
   Ob's gleich bisweilen scheint,
   Als wärst du uns feind,
   Und gänzlich abgewendt,
   So find ich doch behend
   Dein Vaterherze wieder.

6. Mein Herze lacht vor großer Freud,
   Wenn ich bei mir bedenke,
   Wie herzlich gern in böser Zeit
   Dein Herz sich zu uns lenke.
   Der Herr ist frommen Muts,
   Tut uns nichts als Guts!
   Das ist mein Lobgesang,
   Den ihm zum Ehrendank
   Ich hier und dort will singen.

VON DEN LETZTEN DINGEN

Ich bin ein Gast auf Erden

Psalm 119.
Mel.: Herzlich tut mich verlangen

1. Ich bin ein Gast auf Erden
   Und hab hier keinen Stand:
   Der Himmel soll mir werden,
   Da ist mein Vaterland.
   Hier reif' ich aus und abe,
   Dort in der ewgen Ruh
   Ist Gottes Gnadengabe,
   Die schleußt all Arbeit zu.

2. Was ist mein ganzes Wesen
   Von meiner Jugend an
   Als Müh und Not gewesen?
   Solang ich denken kann,
   Hab ich so manchen Morgen,
   So manche liebe Nacht
   Mit Kummer und mit Sorgen
   Des Herzens zugebracht.

3. Mich hat auf meinen Wegen
   Manch harter Sturm erschreckt;
   Blitz, Donner, Wind und Regen
   Hat mir manch' Angst erweckt;
   Verfolgung, Hass und Neiden,
   Ob ich's gleich nicht verschuldt,
   Hab ich doch müssen leiden
   Und tragen mit Geduld.

4. So ging's den lieben Alten,
   An derer Fuß und Pfad
   Wir uns noch täglich halten,
   Wenn's fehlt an gutem Rat:
   Wie musste sich doch schmiegen
   Der Vater Abraham,
   Eh als ihm sein Vergnügen
   Und rechte Wohnstatt kam?

5. Wie manche schwere Bürde
   Trug Isaak, sein Sohn?
   Und Jakob, dessen Würde
   Stieg bis zum Himmelsthron,
   Wie musste der sich plagen!
   In was für Weh und Schmerz,
   In was für Furcht und Zagen
   Sank oft sein armes Herz!

6. Die frommen, heilgen Seelen,
   Die gingen fort und fort
   Und änderten mit Quälen
   Den erst bewohnten Ort;
   Sie zogen hin und wieder,

Ihr Kreuz war immer groß,
Bis dass der Tod sie nieder
Legt in des Grabes Schoß.

7. Ich habe mich ergeben
In gleiches Glück und Leid:
Was will ich besser leben,
Als solche großen Leut?
Es muss ja durchgedrungen,
Es muss gelitten sein:
Wer nicht hat wohl gerungen,
Geht nicht zur Freud hinein.

8. So will ich zwar nun treiben
Mein Leben durch die Welt,
Doch denk ich nicht zu bleiben
In diesem fremden Zelt.
Ich wandre meine Straßen,
Die zu der Heimat führt,
Da mich ohn alle Maßen
Mein Vater trösten wird.

9. Mein' Heimat ist dort oben,
Da aller Engel Schar
Den großen Herrscher loben,
Der alles ganz und gar
In seinen Händen träget
Und für und für erhält,
Auch alles hebt und leget,
Nachdem's ihm wohlgefällt.

10. Zu dem steht mein Verlangen,
    Da wollt ich gerne hin:
    Die Welt bin ich durchgangen,
    Dass ich's fast müde bin:
    Je länger ich hier walle,
    Je wen'ger find ich Lust,
    Die meinem Geist gefalle,
    Das meist' ist Stank und Wust.

11. Die Herberg ist zu böse,
    Der Trübsal ist zu viel.
    Ach! komm, mein Gott, und löse
    Mein Herz! wenn dein Herz will,
    Komm, mach ein seligs Ende
    An meiner Wanderschaft,
    Und was mich kränkt, das wende
    Durch deinen Arm und Kraft!

12. Wo ich bisher gesessen,
    Ist nicht mein rechtes Haus.
    Wenn mein Ziel ausgemessen,
    So tret ich dann hinaus,
    Und was ich hie gebrauchet,
    Das leg ich alles ab,
    Und wenn ich ausgehauchet,
    So scharrt man mich ins Grab.

13. Du aber, meine Freude,
    Du meines Lebens Licht,
    Du zeuchst mich, wenn ich scheide,
    Hin vor dein Angesicht,
    Ins Haus der ewgen Wonne,

Da ich stets freudenvoll,
Gleich als die helle Sonne,
Nächst andern leuchten soll.

14. Da will ich immer wohnen,
Und nicht nur als ein Gast,
Bei denen, die mit Kronen
Du ausgeschmücket hast.
Da will ich herrlich singen
Von deinem großen Tun
Und frei von schnöden Dingen
In meinem Erbteil ruhn.

Ich weiß, dass mein Erlöser lebt

Hiob 19, 25–27
Mel.: Aus tiefer Not schrei ich zu dir

1. Ich weiß, dass mein Erlöser lebt,
Das soll mir niemand nehmen.
Er lebt, und was ihm widerstrebt,
Das muss sich endlich schämen.
Er lebt fürwahr, der starke Held,
Sein Arm, der alle Feinde fällt,
Hat auch den Tod bezwungen.

2. Des bin ich herzlich hoch erfreut,
Und habe gar kein Scheuen
Vor dem, der alles Fleisch zerstreut,
Gleichwie der Wind die Spreuen:

Nimmt Er gleich mich und mein Gebein
Und scharrt uns in die Gruft hinein,
Was kann Er damit schaden?

3. Mein Heiland lebt, ob ich nun werd
Ins Todes Staub mich strecken,
So wird Er mich doch aus der Erd
Hernachmals auferwecken;
Er wird mich reißen aus dem Grab
Und aus dem Lager, da ich hab
Ein kleines ausgeschlafen.

4. Da werd ich eben diese Haut
Und eben diese Glieder,
Die jeder jetzo an mir schaut,
Auch was sich hin und wieder
Von Adern und Gelenken findt
Und meinen Leib zusammenbindt,
Ganz richtig wieder haben.

5. Zwar alles, was der Mensche trägt,
Das Fleisch und seine Knochen,
Wird, wenn er hin sich sterben legt,
Zermalmet und zerbrochen
Von Maden, Motten und was mehr
Gehöret zu der Würmer Heer,
Doch soll's nicht stets so bleiben.

6. Es soll doch alles wieder stehn
In seinem vor'gen Wesen;
Was niederlag, wird Gott erhöhn,
Was umkam, wird genesen,

> Was die Verfaulung hat verheert
> Und die Verwesung ausgezehrt,
> Wird alles wiederkommen.
>
> 7. Das hab ich je und je gegläubt
> Und fass' ein fest Vertrauen:
> Ich werde den, der ewig bleibt,
> In meinem Fleische schauen,
> Ja, in dem Fleische, das hier stirbt
> Und in dem Stank und Kot verdirbt,
> Da werd ich Gott in sehen.
>
> 8. Ich selber werd in seinem Licht,
> Ihn sehn und mich erquicken,
> Mein Auge wird sein Angesicht
> Mit großer Lust erblicken,
> Ich werd ihn mir sehn, mir zur Freud
> Und werd ihm dienen ohne Zeit,
> Ich selber und kein Fremder.
>
> 9. Trotz sei nun allem, was mir will
> Mein Herze blöde machen;
> Wär's noch so mächtig, groß und viel,
> Kann ich doch fröhlich lachen:
> Man treib und spanne noch so hoch
> Sarg, Grab und Tod, so bleibet doch
> Gott, mein Erlöser, leben.

Die Zeit ist nunmehr nah

Mel.: Auf meinen lieben Gott

1. Die Zeit ist nunmehr nah,
   Herr Jesu, du bist da.
   Die Zeichen, die den Leuten
   Dein' Ankunft sollen deuten,
   Die sind, wie wir gesehen,
   In großer Zahl geschehen.

2. Was soll ich denn nun tun?
   Ich soll auf dem beruhn,
   Was du mir hast verheißen:
   Dass du mich wollest reißen
   Aus meines Grabes Kammer
   Und allem andern Jammer.

3. Ach, Jesu! wie so schön
   Wird mir's alsdann ergehn!
   Du wirst mit tausend Blicken
   Mich durch und durch erquicken,
   Wenn ich hier von der Erde
   Zu dir mich schwingen werde.

4. Ach! was wird doch dein Wort,
   O süßer Seelenhort,
   Was wird doch sein dein Sprechen,
   Wenn dein Herz aus wird brechen
   Zu mir und meinen Brüdern,
   All deines Leibes Gliedern?

5. Werd ich denn auch vor Freud
   In solcher Gnadenzeit
   Den Augen ihre Zähren
   Und Tränen können wehren,
   Dass sie mir nicht in Haufen
   Auf meine Wangen laufen?

6. Was für ein schönes Licht
   Wird mir dein Angesicht,
   Das ich in jenem Leben
   Werd erstmals sehen, geben?
   Wie wird mir deine Güte
   Entzücken mein Gemüte!

7. Dein' Augen, deinen Mund,
   Den Leib, der noch verwundt,
   Da wir so fest auf trauen,
   Das werd ich alles schauen,
   Auch innig, herzlich grüßen
   Die Mal' an Händ' und Füßen.

8. Dir ist allein bewusst
   Die ungefälschte Lust
   Und edle Seelenspeise
   In deinem Paradeise:
   Die kannst du wohl beschreiben,
   Ich kann nicht mehr als gläuben.

9. Doch, was ich hier gegläubt,
   Das steht gewiss, und bleibt
   Mein Teil, dem gar nicht gleichen
   Die Güter aller Reichen;

      All andres Gut vergehet,
      Mein Erbteil, das bestehet.

10. Ach, Herr, mein schönstes Gut,
      Wie wird sich all mein Blut
      In allen Adern freuen,
      Und auf das Neu erneuen,
      Wenn du mir wirst mit Lachen
      Dein' Himmelstür aufmachen?

11. Komm her, komm und empfind,
      O auserwähltes Kind!
      Komm, schmecke, was für Gaben
      Ich und mein Vater haben!
      Komm, wirst du sagen, werde
      Dein Herz in ewger Freude!

12. Ach, du so arme Welt!
      Was ist dein Gold und Geld
      Hier gegen diese Kronen
      Und mehr als güldne Thronen,
      Die Christus hingestellet
      Dem Volk, das ihm gefället?

13. Hier ist der Engel Land,
      Der selgen Seelen Stand,
      Hier hör ich nichts als singen,
      Hier seh ich nichts als springen,
      Hier ist kein Kreuz, kein Leiden,
      Kein Tod, kein bittres Scheiden.

14. Halt ein, mein schwacher Sinn,
      Halt ein, wo denkst du hin?

Willst du, was grundlos, gründen?
Was unbegreiflich, finden?
Hier muss der Witz sich neigen
Und alle Redner schweigen.

15. Dich aber, meine Zier,
Dich lass ich nicht von mir,
Dein will ich stets gedenken,
Herr, der du mir wirst schenken
Mehr, als mit meiner Seelen
Ich wünschen kann und zählen.

16. Ach! wie ist mir so weh,
Eh ich dich aus der Höh
Her sehe zu uns kommen:
Ach, dass zum Heil der Frommen
Du meinen Wunsch und Willen
Noch möchtest heut erfüllen!

17. Doch, du weißt deine Zeit:
Mir ziemt nur, stets bereit
Und fröhlich da zu stehen,
Und so einher zu gehen,
Dass alle Stund und Tage
Mein Herz mich zu dir trage.

18. Dies gib, Herr, und verleih,
Auf dass dein' Huld und Treu
Ohn Unterlass mich wecke,
Dass mich dein Tag nicht schrecke,
Da unser Schreck auf Erden
Soll Fried und Freude werden.

VERZEICHNIS DER LIEDANFÄNGE UND ÜBERSCHRIFTEN

Also hat Gott die Welt geliebt 56
An das Angesicht des Herrn Jesu 38
An der Krippe 18
Auf den Nebel folgt die Sonn 92
Auf, auf, mein Herz, mit Freuden 44
Befiehl dem Herrn deine Wege, und hoffe auf ihn, Er wird's wohl machen 131
Christliche Zufriedenheit 147
Christliches Freudenlied 155
Christliches Trost- und Freudenlied 142
Danklied für die Verkündigung des Friedens 107
Danklied für gute Leibesgesundheit 122
Danklied nach ausgestandenem großen Kummer und Betrübnis 92
Das ist mir lieb, dass Gott, mein Hort 96
Der 13. Psalm Davids 161
Der 23. Psalm Davids 99
Der 30. Psalm Davids 110
Der 85. Psalm Davids 140
Der 91. Psalm Davids 159
Der 116. Psalm Davids 96
Der 121. Psalm Davids 70
Der 146. Psalm Davids 101
Der Herr, der aller Enden 99
Die Auferstehung unseres Herrn Jesu 47
Die güldne Sonne 81
Die Zeit ist nunmehr nah 171
Du, meine Seele, singe 101
Ein Lämmlein geht und trägt die Schuld 30
Fröhlich soll mein Herze springen 14
Geh aus, mein Herz, und suche Freud 104
Gib dich zufrieden 135
Gott Vater, sende deinen Geist 61
Gottlob! nun ist erschollen 107

Herr Jesu, meine Liebe 41
Herr, der du vormals hast dein Land 140
Ich bin ein Gast auf Erden 164
Ich erhebe, Herr, zu dir 70
Ich preise dich und singe 110
Ich singe dir mit Herz und Mund 113
Ich steh an deiner Krippe hier 18
Ich weiß, dass mein Erlöser lebt 168
Ich weiß, mein Gott, dass all mein Tun 72
Ist Gott für mich, so trete 142
Kommt, und lasst uns Christum ehren 22
Lobet den Herren 85
Morgensegen 81
Neujahrs-Gesang 28
Nicht so traurig, nicht so sehr 147
Nun danket all und bringet Ehr 116
Nun danket alle Gott 116
Nun freut euch hier und überall 47
Nun lasst uns gehn und treten 28
Nun ruhen alle Wälder 89
O Haupt voll Blut und Wunden 38
O Jesu Christ, mein schönstes Licht, 76
O Welt, sieh hier dein Leben 34
Schutz Gottes in bisherigen gefährlichen Kriegszeiten 127
Schwing dich auf zu deinem Gott 150
Sollt ich meinem Gott nicht singen? 118
Sommergesang 104
Trostgesang in Schwermut und Anfechtung 150
Um die Liebe Christi 76
Um Glück und Segen zu allem christlichen Tun und Vorhaben 72
Vom heiligen Abendmahl 41
Wach auf, mein Herz, und singe 87
Warum sollt ich mich denn grämen? 155
Warum willst du draußen stehen? 7
Weihnachtsgesang 22
Wer unterm Schirm des Höchsten sitzt 159
Wer wohl auf ist und gesund 122
Wie ist so groß und schwer die Last 127
Wie lang, o Herr! wie lange soll 161
Wie soll ich dich empfangen? 11
Wir singen dir, Immanuel 24
Zeuch ein zu meinen Toren 65